OUVRAGES DU MÊME AUTEUR

La Société française du seizième au vingtième siècle. *Ouvrage trois fois couronné par l'Académie française*, neuf volumes in-12, PERRIN éditeur, 35, Quai des Grands Augustins, Paris.

Histoire de la Monarchie de Juillet, 2 volumes in-8º, CALMANN-LÉVY éditeur, 3, rue Auber, Paris; *Couronné par l'Académie française* : Prix THÉROUANNE.

Les Causeurs de la Révolution. Un volume in-12, CALMANN-LÉVY; *Couronné par l'Académie française* : Prix MONTYON.

Le Prince de Ligne et ses Contemporains. Un volume in-12, CALMANN-LÉVY.

Orateurs et Tribuns, 1789-1794. Un volume in-12, CALMANN-LÉVY.

La Société française avant et après 1789. Un volume in-12, CALMANN-LÉVY.

La Comédie de Société au dix-huitième siècle. Un volume in-12, CALMANN-LÉVY.

Le Bridge et les Bridgeurs : *Règles, Psychologie, Anecdotes.* Un volume in-16, Librairie DELAGRAVE, 15, rue Soufflot, Paris.

Histoire anecdotique et Psychologie des Jeux de Cartes, des Echecs. Un volume in-16, Librairie DELAGRAVE, 15, rue Soufflot.

VICTOR DU BLED

La Société française depuis cent ans

QUELQUES SALONS DU SECOND EMPIRE

PARIS
LIBRAIRIE BLOUD & GAY
3, rue Garancière
1923

Tous droits réservés

A Madame CHARLES HAYEM-FRANCK

Hommage très-respectueux d'un ami fidèle.

Victor du Bled.

AVANT-PROPOS

En 1916, lorsque j'entrepris de composer un tableau de la société française depuis cent ans, à travers mes aînés, ma vie et mes contemporains, je me proposais un triple but :

D'abord de rendre hommage, de payer mon tribut de gratitude à ce monde poli qui m'a accueilli avec tant de bienveillance pendant cinquante huit ans, qui, en dépit de ses défauts collectifs ou individuels, reste le paradis, la patrie des bons cœurs, où j'ai appris à apprécier les riens charmants qui sont l'apanage des compagnies d'élite ; et ces riens s'appellent : l'amitié, l'idéal, l'admiration, la courtoisie, le tact, l'esprit, qui sont le décor de la vie humaine.

Ensuite je voulus apporter mon grain de sable à l'édifice social, plus que jamais battu en brèche, par les apôtres de l'évangile du néant et leurs complices, qui raisonnent comme Caliban contre Prospéro, et veulent tout détruire au nom d'une théologie communiste fondée, elle aussi, sur l'absolu, au nom d'une égalité chimérique qui serait la misère pour tous. Ces emmurés de l'instinct matérialiste ont heureusement pour adversaires la force des choses, la loi d'ironie, le bon sens, la science, les Vingt-cinq soldats de Gutenberg; mais ils possèdent la puissance de la haine, l'envie, de la force sauvage, puissance décuplée, centuplée, à certaines heures, par la défection des pouvoirs publics, l'inertie des modérés, leur défaut d'organisation, et cette espèce de prestige quasi mystique que consacre une habitude séculaire de s'incliner devant les coups d'Etat, d'en haut ou d'en bas, partis d'une Capitale. Ne sont-ce pas d'infimes minorités qui ont installé, prolongé la Terreur en 1793, 1794, renversé la Monarchie

en 1848, proclamé la Commune de 1872 ?
Ceux qu'en Berry on appelait les meneux
de loups du socialisme, ont-ils manifesté
quelque repentir ? Ne prophétisent-ils pas
sans cesse leur prochaine victoire, une dictature sans pitié dont les Russes nous
donnent un modèle si accompli ? C'est toujours, comme dit Dante, l'erreur des aveugles qui se font ou prétendent être guides,
ou, pour parler net, l'illusion des incendiaires
qui s'imaginent que la négation universelle,
l'instinct des primaires, des analfabetos,
recèlent des vertus supérieures de Gouver-
ment. Comme si les brutalités de l'athéisme
ne pouvaient pas devenir plus tyranniques
que les dogmes de la religion ! Cela ne peut
se produire en France, et d'ailleurs cela ne
durerait pas, ricanent nos endormeurs et
nos endormis. Qu'ils daignent cependant se
souvenir que quelques bidons de pétrole ont
brûlé les Tuileries, la Cour des Comptes
en 1871, sous l'œil amusé des Prussiens ;
qu'ils se remémorent ce proverbe du pays
de Lénine : Une chandelle d'un sou a suffi
pour brûler Moscou ! Et surtout cette
réflexion du Comte Alfieri qu'un ami s'éton-

nait de retrouver assagi sous le Consulat,
après l'avoir connu presque révolutionnaire
avant 1789 : « J'avais vu les grands, je ne
connaissais pas les petits. » Un mot qui,
appliqué aux grandes villes, contient toute
une philosophie politique. On peut comparer ceux-ci aux Barbares qui, pendant des
siècles, assaillirent l'empire romain : ils
avaient en fait tous les vices de l'ennemi,
sans ses qualités, sans la civilisation, et tout
ce que celle-ci comporte d'élégances, de
capital artistique, littéraire et scientifique.

L'histoire de la société française, histoire
intime, toute en portraits, en tableaux, en
anecdotes, plus vivante, plus vraie que la
grande histoire, m'a fortifié, et je voudrais
ardemment qu'elle fortifiât mes lecteurs, si
j'en ai maintenant ou plus tard, dans cette
conviction que l'homme vaut en proportion
de ce qu'il croit, mais que les croyances valent par les vertus qu'elles suscitent et déve-
loppent, que le sentiment religieux, patriotique, est à lui seul une distinction, que la
sécurité est la première des libertés, que
l'Univers n'est pas seulement une usine,
une étable, un phalanstère, mais aussi,

comme dit Carly, une église, une âme et un poème. J'ai rencontré beaucoup de nobles esprits qui étaient, ainsi que madame de Sévigné, entre Dieu et le diable? je me suis aperçu qu'ils vivaient maigré eux, *à l'ombre de la religion, du parfum d'un vase brisé.* Parfois ils entendent monter, du fond de la mer, le chant mystérieux des cloches de la ville d'Ys, et, comme la petite mouette qui vole autour du vieux moutier perché sur la falaise, leur âme, soucieuse, frissonnante, bat des ailes aux portes de l'éternité. L'un d'eux m'a écrit cette parole touchante : « Je ne crois peut-être à rien, mais j'espère tout. Oui, j'espère que la tombe est un berceau et la mort une aurore. »

Ce qui doit cependant rassurer, c'est que cette théologie soviétique comporte des nuances, des sectes à l'infini ; c'est que ses théoriciens, ses hommes d'actions, d'accord sur le but, et encore pas complétement, ne le sont ni sur la tactique ni sur la stratégie du succès.

Par la conversation, par le rôle que joue son élite, la société qui pénètre la vie tout entière d'un peuple est aussi pénétrée par

lui, tour à tour effet et cause, reflet et rayon, juge et partie, recevant et suggérant les inspirations. C'est une énorme éponge qui s'imprègne des courants divers que lui apportent passions, volontés, habitudes, traditions, engouements nationaux ; un prodigieux alambic où le chimiste mêle cent ingrédients pour en tirer son elixir, où parfois l'alchimiste cherche la pierre philosophale.

Ainsi rien de ce qui touche l'humanité ne demeure étranger aux gens de goût qui fréquentent les salons : j'y ai entendu discuter les problèmes les plus graves aussi doctement, plus finement surtout que dans les Chambres politiques, et même dans les Académies ; on y cisèle en perfection le trait décisif, l'anecdote représentative, le mot qui résume et illumine le débat, le mot qui est l'économie d'un livre. On y apprend aussi que les mots sont du pain ou du poison ; ils coûtent bien cher, ils peuvent rapporter beaucoup, s'ils sont prononcés à certaines heures. On y apprend la douceur de vivre, et que la sagesse, comme dit Spinoza, doit être une méditation, non de la mort, mais de la vie.

Dans le salon de madame Aubernon, Ernest Renan nous disait des choses profondes sur ce double besoin des peuples, qui compose le panorama de l'histoire : avancer et durer, sur les écueils qui menacent les hommes politiques engagés dans une voie ou dans l'autre. Car les digues, qui contiennent longtemps les violents, finissent aussi par amener les révolutions. D'une part, si l'on veut avancer, on doit choisir des gens capables de ne pas conduire l'attelage dans les abîmes ; d'autre part, quand le progrès n'est plus à la mode, il importe de ne point s'endormir dans un sommeil d'Epiménide. Il y a des idées, justes ou fausses, qui vaincues, mises au rancart, se recueillent, cheminent, insensiblement, reprennent faveur, enivrent de nouveau les cœurs, les intelligences, subjuguent les volontés. Hélas ! concluait Renan, avec un sourire résigné, un sourire d'historien et de prophète, aussi bien au nom du droit divin ou du droit monarchique constitutionnel, que du droit révolutionnaire, les chefs d'Etat de tous les pays n'ont pas laissé de lancer leurs peuples dans de mortelles aventures ; et il est à craindre que les cruelles expériences du passé ne servent pas à grand' chose.

Chez Hippolyte Taine, chez Emile Ollivier, chez madame Charles Buloz, chez Gaston Pâris et dans vingt autres cénacles, j'ai assisté à de somptueux tournois d'éloquence sur le suffrage universel et le régime parlementaire, que presque tous les causeurs-orateurs jugeaient organisés d'une façon rudimentaire et barbare. Êtes-vous donc l'adorateur du crocodile ? demandait Taine à ceux qu'il soupçonnait de pencher vers la démocratie avancée. La plupart estimaient, qu'après avoir battu en brèche le despotisme d'en haut, le libéralisme a le devoir étroit de combattre le despotisme parlementaire et le despotisme d'en bas. Le second a pris la place du premier, en attendant, dont le ciel nous préserve ! qu'il soit renversé par le troisième, ou plutôt par ses propres fautes. Car il est monstrueux que le suffrage dit universel commence par se mutiler en excluant la moitié de la population française. Il est monstrueux qu'un alcoolique, un dément avéré, aient devant le scrutin autant de droits qu'un Thiers, un Guizot, un Jules Ferry, un Pasteur, un Victor Hugo, un Branly. Il est monstrueux que madame Roland, madame de Staël, madame de Girardin, la duchesse de Duras, Arvède Barine, n'aient pas pu voter, que mesdames de Martel-Mirabeau (Gyp), madame Henri de Régnier, la comtesse Mathieu de Noailles, mademoiselle Juliette de Reinach, madame Charles Hayem, la duchesse de Rohan, ne puissent pas voter. Il est monstrueux que les professeurs des lycées de jeunes filles, nos institutrices communales, nos sœurs de Charité, soient réputées incapables de déposer un bulletin dans l'urne. Il est monstrueux qu'une veuve, mère de six enfants, faisant valoir une exploitation agricole, commerciale ou industrielle, soit privée du privilège que la loi confère à ses employés et domestiques mâles. Il est monstreux qu'une femme mariée, mère de famille, n'ait pas le suffrage plural, ni même personnel; et elle devra pouvoir voter autant de fois que son mari, le jour ou les yeux de nos législateurs s'ouvriront à la lumière. Il est monstrueux que des socialistes, des fanatiques d'égalité, osent repousser une telle réforme, qui sans doute dérangerait leurs calculs en leur enlevant le monopole de certaines sottises ; car les femmes électrices auraient parfois plus de bon sens, de droiture et d'intuition que les électeurs. Il est monstrueux que des républicains modérés, des conservateurs fassent chorus, au nom de je ne sais quelle infirmité féminine, alors que l'infirmité masculine est attestée par tant de votes lamentables depuis bien des siècles, alors qu'ils sont les mieux placés pour sentir tout ce qu'il y a de divination, de grandeur morale, de raison pratique chez tant de femmes, tout ce qui peut résulter d'un progrès pareil, ce qu'il apporterait d'autorité au suffrage universel, au régime parlementaire. Il est monstrueux enfin que les forces intellectuelles de la France, l'Institut et les Académies de province, les Chambres de Commerce, les Chambres d'Agriculture, l'Armée, les Mutilés de la Guerre, les Facultés de Médecine, les Facultés de Droit, l'Université, nos différents cultes, n'aient pas leur représentation directe au Parlement. Aussi bien la question est posée, et l'on ne saurait trop souhaiter que les excellents républicains qui président aux destinées du pays, M. Raymond Poincaré et ses collaborateurs, aient à cœur de la résoudre : ils sont à la hauteur d'une telle entreprise, capables de la mener à bonne fin.

Ce tableau fragmentaire de la société française que j'essaie d'esquisser, j'ose croire que je l'ai conçu dans un esprit de modération, de mesure, d'impartialité et d'optimisme, que je me tiendrai à égale distance entre le dénigrement et l'apothéose, entre la satire et l'adoration. A vrai dire, le problème est plein d'aspérités, il m'a souvent angoissé, et personne ne peut se flatter de l'avoir résolu d'une manière satisfaisante : il y a là de ces rochers à fleur d'eau qu'aucune carte marine n'a relevés, et contre lesquels se brisent les meilleures intentions.

D'aucuns m'ont conseillé de dire la vérité, toute la vérité, de la dire poliment. mais avec fermeté Les trois grands modèles du genre, Retz, Saint-Simon, Chateaubriand, expliquent-ils, ne se sont pas fait faute de composer des portraits étincelants, chargés de haine, de colère, mensongers et même calomniateurs, lorsqu'ils présentent surtout l'envers de la médaille. Or ie public leur en a su bon gré, et certes ces exagérations ont contribué au succès séculaire de tels ouvrages. D'autre part, les morts n'ont pas d'amis, ou s'ils en gardent, c'est dans la proportion de un sur mille. Et l'on serait étonné, si je disais les noms de ceux qui m'ont ainsi encouragé à ne pas mettre de coussins sous les épaules des pêcheurs.

Les choses ne vont pas aussi simplement. D'abord, parce que les rapports sociaux sont fondés, non certes sur l'hypocrisie, mais sur une certaine réserve, et des égards réciproques qui forment, à la longue, des espèces de concordats, des rites, des étiquettes qu'on ne viole pas impunément. Ces concordats constituent l'architecture, ou si l'on veut, l'armature morale de la société, le code d'urbanité qui se transmet, non certes sans changements, de génération en génération. Ils jouent ici le même rôle que les habits pour les convenances : celles-ci sont déjà des demi-vertus. Une nation ne resterait pas longtemps debout si chacun avait le droit de dire à son voisin ce qu'il pense de lui. Aussi

bien nous avons besoin d'indulgence réciproque, et ce n'est peut être pas un si grand
paradoxe de prétendre que les gens comme
il faut valent autant par leurs défauts que
par leurs vertus. Favart va jusqu'à affirmer :
« Nous sommes environnés de torts, ils sont
nécessaires, ils sont les fondements de la
société. » Seulement il faut s'entendre sur
la portée de ces deux mots : les défauts, les
torts ; de même qu'on pourrait épiloguer sur
cet autre aphorisme : Il n'y a que le don de
se laisser tromper qui rende la vie supportable. J'ai connu une chanoinesse qui soutenait que l'existence serait intolérable sans
les péchés. Lesquels ? Convenons d'ailleurs
que certains défauts portent en eux-mêmes
leur excuse, ou des circonstances atténuantes
qui justifient parfois l'acquittement. Ainsi
une coquette fait damner son mari, ses mourants, mais contribue beaucoup au charme
des salons où elle fréquente. La galanterie
est amorale, mais l'abbé Galiani prouve
qu'elle est la pierre ponce qui polit les nations. La paresse offre des dangers qui
sautent aux yeux ; et toutefois les paresseux
ne sont souvent paresseux qu'en apparence,

ils ont leur façon de travailler qui s'écarte des définitions classiques ; le grave Royer-Collard n'a pas craint de déclarer qu'ils sont peut-être, avec ceux qu'il appelait les *bam-bocheurs*, la réserve de la France : demain n'est pas toujours un paresseux. L'économie extrême a des aspects fort déplaisants, mais elle est aussi une seconde récolte, elle entre-tient le crédit des particuliers et du pays : un penseur trop peu connu, le Lyonnais Clair Tisseur, proclame les avares : le sel de la terre. L'égoïme, à juste raison, sem-ble odieux : cependant il conserve l'indi-vidu, la famille ; sans lui ceux-ci viendraient à rien, et la folie du dévouement, dans l'au-tre sens, compromet parfois les plus nobles causes. L'égoïsme intelligent développe la puissance nationale : voyez l'Angleterre qui en a fait sa divinité ; l'Angleterre, la plus magnifique et la moins reconnaissante de nos colonies.

Amicus Plato, sed magis amica veritas. Mais quelle vérité ? Il n'a pas manqué de beaux esprits pour affirmer, plus ou moins sincèrement, que l'amour de la vérité est l'amour de nos opinions, que chaque principe

a deux vérités, que celles-ci sont des phares
à feux changeants, que le bien et le mal, le
juste et l'injuste, le vrai et le faux, le beau et
le laid, se confondent les uns dans les autres
par des nuances aussi indiscernables que
celles du cou d'une colombe. Faut-il prendre
au pied de la lettre cette boutade du moraliste italien Raiberti ? « Malheur à qui se fait
le don Quichotte de la vérité, la plus déce-
vante des Dulcinées, et celui du bon sens
qui est un serviteur plus ridicule et plus réti-
tif que Sancho Pança! » En tout cas, une
vérité adoucie devient parfois la justice, une
façon de tenir compte des bonnes intentions
dont, paraît-il, l'enfer est pavé. L'âme d'autrui fait songer à une forêt en montagne,
avec des chemins d'exploitation, de rudes
sentiers connus des chasseurs et des alpinis-
tes, des coulées pour chaque sorte de gibier;
des grottes, des souterrains, des précipices et
des avalanches.

Il ne faut pourtant pas que la bienveillance dégénère en faiblesse, en amnistie générale des grands comme des petits délits;
et j'avoue ne rien comprendre à certaines
absolutions, dans le genre de celle où Victor

Hugo, après avoir énuméré les effroyables forfaits de Zim-zizimi, lui ouvre le royaume céleste, parce qu'un jour il se détourna de son chemin pour ne pas écraser un pauvre crapaud. De cette indulgence poussée à l'extrême, s'inspirait-il, ce prêtre spirituel, l'abbé M. dans sa réponse à madame S... lorsque, mi-taquinerie, mi-curiosité, elle demanda s'il croyait à l'enfer? « Sans doute, dit-il, mais Dieu est bonté infinie, et au jugement dernier il n'y aura personne en enfer ». Du moins l'abbé faisait-il toutes réserves pour le Purgatoire.

Les morts n'ont pas d'amis, mais ils ont des héritiers, et ceux-ci parfois se montrent très susceptibles : l'esprit de clan, l'orgueil familial, remplacent au besoin l'affection.

D'où la nécessité de ouater, tamiser, filtrer la vérité par l'euphémisme, la courtoisie, de pratiquer le précepte formulé par le poète Roy :

> Glissez, mortels, n'appuyez pas!

Mais où commence, où finit la mesure?

Tout dépend ici du critique et du critiqué. Tel, moralement, a le cuir d'un hippopotame, tel autre pousse des hauts cris si le pli d'une rose l'effleure. Avec celui-là vous auriez beau farder la vérité, l'envelopper de prudentes réserves, comme les Egyptiens entouraient leurs morts de bandelettes : il ne manquera pas de vous prodiguer les injures les plus sanglantes, de développer, à grand renfort d'arguments captieux, la thèse connue : à savoir que les Mémoires ne sont qu'une entreprise de diffamation, une façon de mentir par les cent mille voix du livre, de dévelouter les belles âmes, de faire un métier d'Arétin, de sycophante, qui relève des tribunaux. Beaucoup raisonnent à la façon de ce grand seigneur d'autrefois qui, surpris en flagrant délit de tricherie, croyait s'en tirer en appelant le plaignant ; et comme celui-ci s'exclamait : « Je ne me bats pas avec vous qui êtes un fripon ! » Il reprit : « C'est possible, mais je n'aime pas qu'on me le dise ! » En dehors des grincheux honnêtes, des grincheux malhonnêtes, que d'autres catégories de mécontents ! Les timides qu'épouvante la moindre indépendance de langage ; les diplomates qui raisonnent comme Marphurius, dénoncent dans chaque phrase une perfidie calculée ou involontaire ; les bavards qui blâment pour blâmer, ou se donnent des airs d'habiter une région supérieure aux contingences humaines ; les flatteurs qui s'indignent qu'un écrivain ose émettre des réserves sur celui dont ils attendent des avantages majeurs ou mineurs ; ceux-là n'admettant que l'apothéose, ne peuvent concevoir qu'on laisse entendre, par exemple, que leur chef est le mari ou l'amant de ses défauts, même très anodins. Et enfin, d'une manière générale, l'immense armée des vaniteux qui se sent atteinte par l'affirmation ou l'omission. Car la vanité est un sentiment impérissable, comme l'envie, comme l'ingratitude, et, les saints exceptés, j'imagine qu'il n'existe point de gens exempts de vanité, que les prétentions le plus souvent sont en raison inverse des mérites. Ecume de l'orgueil, la vanité s'appuie sur des talents minuscules, ou sur des zéros accumulés. Massillon confessait l'éternelle piperie de l'amour-propre, lorsqu'il répondit à un ami qui le proclamait le premier prédicateur du siècle : « Le diable me l'avait déjà dit ». Pour un Paganini, que de violons d'Ingres !

Et aussi, que de gens à qui ne suffit pas
la gloire d'être réputés premiers dans leur
spécialité! Ils veulent encore être uniques,
comme cette coquette navrée de n'être pas
la seule très jolie femme d'un bal; les éloges
décernés à d'autres leur semblent de véritables insolences. Quel personnage représentatif, ce coiffeur qui, ayant payé d'avance
un article laudatif, s'indigne parce que le
journaliste a seulement célébré « ce demi-
dieu de la coiffure. » Pourquoi *demi*?

Chacun se fait un dieu de son brûlant désir.

Résignons-nous : à propos du même chapitre, un historiographe sera traité de Philinte
et d'Alceste, de bénisseur et d'indiscret sans
vergogne. On ne saurait contenter tout le
monde, mais on ne mécontente pas tout le
monde, en observant les règles d'une pru-
dente impartialité, en laissant parfois entrevoir la vérité même en la dessinant légèrement. Recherchons seulement le témoignage
de notre conscience, avec l'approbation de
cet aréopage d'honnêtes gens, qui, en fin de
compte, font la véritable opinion universelle, transmettent de siècle en siècle les

saines doctrines du goût, composent le tribunal de cassation de la postérité. S'ils ont toujours estimé que la bonté, la modération, le bon sens, sont les plus grands courages sociaux, ils les veulent clairvoyants, armés, militants; ils ne sont pas loin de penser comme madame Geoffrin, à qui on vantait la bonté de quelqu'un : « Est-il sévère aux méchants? » questionna-t-elle.

Depuis 1865, je prends régulièrement des notes, et, à défaut d'autres qualités, cette persévérance donne peut-être quelque crédit aux pages où je reproduis une partie de ce que j'ai vu, entendu, ressenti. Une partie, la moindre partie certes, car j'avais réuni énormément de notes, et me vois obligé d'en laisser beaucoup de côté. Ce qui m'a aussi encouragé à rapporter mes impressions, c'est que j'ai eu la bonne fortune de rencontrer un assez grand nombre de gens célèbres, et, le jour même, ou le lendemain, je m'efforçais de consigner les paroles, les attitudes qui m'avaient frappé. J'ai ainsi rempli plus de cinq cents carnets dont je résumais la quintessence sur de grands cahiers. Certes, je ne savais pas avant 1870, et même longtemps après, que je composerais des espèces de Mémoires ; mais j'avais le pressentiment que, de ce travail préparatoire, il sortirait pour moi quelque chose d'utile, ne fût-ce que le goût de la précision, une solide discipline intellectuelle, je voudrais pouvoir ajouter quelque agrément pour le lecteur. Au gré de celui-ci, dit un ancien moraliste, les livres ont leurs destins.

Voici la liste des chapitres aujourd'hui terminés, qui feront partie des prochains volumes.

— Dans les Vosges et en Haute-Saône. — Le Lycée Louis-le-Grand. — La Faculté de droit de Paris. — M. Thiers. — Madame Edmond Adam. — Le salon de madame Aubernon. — Les grands élégants. — M. et madame Emile Ollivier.

Mes quatre Sous-Préfectures. — Le Ballet de l'Opéra. — Dîners mondains et Dîners de Sociétés. — Le salon de la Revue des Deux-Mondes.

— Artistes et gens du Monde. — Madame Barratin. — La marquise de Blocqueville. — Madame Charles Cartier. — Madame

Alexandre Singer. — La baronne de Lareinty. — Edouard Pailleron. — La comtesse de Loynes. — Madame Charles Hayem.
— M. et madame de Chambrun. — La
princesse Alix de Francigny-Lucinge. —
Une amitié célèbre : Anatole France et madame Armande Caillavet.

Autour du Parlement. — Salons poétiques. — Les Préfets du xixe siècle. — Impressions de Clinique. — La Société des
gens de Lettres.

Derniers Salons. — Ma vieille province.
— Stéphen Liégard. — Modes et travers
mondains.

D'autres chapitres sont sur le chantier,
et à pied d'œuvre : La danse mondaine. —
Les Albums. — Amitiés et relations. — Sta-
tions thermales. — Conférences et voyages.
— La jeune fille française. — L'idée de
patrie à travers les siècles. — L'amour au
xixe siècle. — Médecins. Prédicateurs. Diplomates. Magistrats. Avocats. — Petites
Anthologies.

Il me faudrait environ trois ans pour mettre au point ces derniers morceaux, mais je
suis né en 1848, à mon âge les années n'ont

plus que six mois, et j'attends avec sérénité
l'impératif catégorique prohibitif ou faculta-
tif. En fait le plus gros de l'ouvrage est
achevé.

Ayant déjà entendu sonner l'Angelus du
soir, bien près de connaître le pourquoi du
pourquoi, j'aurai du moins pu évoquer des
amis admirables, et, dans l'humble mesure
de mes forces, tenté de mettre en relief le
charme d'une civilisation élégante, encouragé nos descendants à suivre la voie des
grands disparus. L'amitié est une foi, une
religion : d'elle aussi on peut dire :

La foi qui n'agit pas, est-ce une foi sin-
cère ?

Le culte de la patrie, de ces fées bienfai-
santes qui s'appellent la science, l'art, l'urbanité, n'est-il pas, à son tour, une foi, une
religion ?

VICTOR DU BLED.

Avril 1923.

Château du Larrey, Boissise-la-Bertrand,
Seine-et-Marne.

Quelques Salons
du Second Empire

CHAPITRE PREMIER

DÉBUTS MONDAINS : PREMIERS CÉNACLES

Qu'est-ce qu'un Salon ? Peut-on le définir d'une manière qui satisfasse l'esprit, tout en répondant claire-
ment à l'idéal que nous concevons de l'objet ? Suffit-il
de dire que le salon est une école de civilisation, une
sorte de thermomètre moral de la politesse, un foyer
de vie intellectuelle, de causerie, d'amitié, de tendres
sentiments, le cadre où s'épanouissent la beauté et
l'élégance, l'auxiliaire le plus actif des modes, du goût,
de la science sociale ? Ne convient-il pas d'ajouter qu'il
constitue une des principales différences entre les peuples de haute culture et les peuples barbares ou enfants ? N'est-ce pas lui qui consacre l'influence de la
femme, qui, grâce à elle, donne le pas aux mœurs sur
les lois, facilite ces dictatures de l'éventail, parfois
aussi désastreuses que celles de l'épée ? Car il n'existe
pas plus de salon sans femme que de printemps sans
roses. Il est des salons où les femmes règnent, il en

1

est où elles gouvernent, il n'y en a point où leur trône, visible ou invisible, n'ait sa place. Un salon sans femmes semble une espèce de monstre : qu'on l'appelle Club, Académie, Chambre parlementaire, que son directeur donne des dîners non pareils, qu'on y dise de fort belles choses, que d'aucuns le préfèrent, j'y consens : mais, puisqu'on n'y respire point le parfum de l'éternel féminin, puisque la liberté en exclut forcément la grâce, les coquetteries de la parole et les raffinements délicats que suscitent l'art et le désir de plaire, ne l'appelez pas un salon.

Et cela signifie aussi qu'un salon est une cour minuscule, avec sa reine constitutionnelle ou absolue, ses favoris, des ministres, des courtisans, les amis de la veille, d'aujourd'hui, de demain, les amis de tout temps, les utiles, les agréables, les ennuyeux qui *troublent la solitude et n'apportent point la compagnie*, les indifférents qui parfois montent en grade après un stage, font troupe aux jours de fête, comme les figurants à l'Hippodrome ou à l'Opéra, ceux qu'une de mes amies appelle : *les chaises louées*. Cela signifie qu'il importe de proscrire les âpres discussions et les grands éclats de voix, qu'on ne saurait trop rappeler aux discoureurs le mot de Madame Geoffrin au comte de Coigny qui se servait d'un petit couteau pour découper le poulet du souper, en même temps qu'il se noyait dans un conte interminable : « Monsieur, dans cette maison, on aime que les couteaux soient longs et les histoires courtes. » Point de querelles, beaucoup de sous-entendus, peu de gestes, pas de rabachages, rien qui ressemble aux débats de la tribune. Un sourire ne vaut-il pas une phrase, un mot spirituel une dissertation, une inflexion de voix ne révèle-t-elle pas à l'initié des pensées de derrière la tête, toutes différentes des paroles prononcées ? Notre langue française n'est-elle pas souple comme un solliciteur, rusée comme un diplomate blanchi sous le harnais ? Ajoutez-y la présence réelle de la maîtresse de maison, la certitude de la rencontrer souvent, le salon appuyé à une salle à manger, celle-ci adossée à une bonne cuisine. D'assez nombreuses directrices de grands salons du XVIIIᵉ siècles donnent deux dîners par semaine, et l'on sait le mot de Madame du Deffand : « Le souper est une des quatre fins de l'homme : j'ai oublié les trois autres. » Il y a aussi de l'esprit à contenter la guenille, car la plupart des hommes demandent trois choses aux femmes : d'être ou de paraître jolies, de savoir faire ou faire faire la cuisine, et d'avoir l'air de les écouter : n'en déplaise aux féministes, longtemps encore ces qualités conserveront leur attirance.

Depuis quatre cents ans et plus, nous avons en France des salons, et ceux-ci revêtent la livrée des personnes qui les président. La cour fut le premier salon, sur lequel se modelèrent princesses du sang, grandes dames, femmes de magistrats, simples bourgeoises. Marguerite de Navarre, première femme de Henri IV, accrédite le fameux principe de la conversation générale à table, principe renouvelé des Grecs et des Romains, très contesté d'ailleurs au XVIIIᵉ siècle et de nos jours, prôné et mis en pratique par Madame Aubernon de Nerville et ses émules. Le cercle de la marquise de Rambouillet contribue à réformer la langue et les mœurs, les bureaux d'esprit du XVIIIᵉ siècle ont dirigé l'opinion publique, exercé une influence sur les destinées de la nation.

Il y a bien des sortes de salons, presque autant que de sortes d'amour : et de là l'erreur des pessimistes qui affirment que le salon n'existe plus. Comme s'il était facile de comparer le présent au passé ! Comme si chaque époque n'avait pas eu ses détracteurs, aussi exclusifs, aussi présomptueux en général que ceux de l'époque précédente et postérieure ! Faut-il prendre au sérieux l'impertinente jérémiade de Guy Patin en 1666 : « Nous sommes la lie de tous les siècles ? » celle d'une femme de l'ancien régime : « Et dire que ce que nous voyons sera un jour de l'histoire ! » Nous sommes en présence du vaste panorama contemporain comme l'ouvrier dans une usine, comme le soldat dans la bataille : le simple troupier, le lieutenant lui-même ne voit qu'un petit coin, celui où il combat — tel Fabrice del Dongo dans la *Chartreuse de Parme* ; — seul le général en chef, posté en haut de la colline, embrasse l'ensemble de l'action. Je remarque, en passant, que les croyants raisonnent de la même façon en face de la Providence ; les peuples gémissent, s'indignent, se disent injustement frappés, nient Dieu qui permet tant d'horreurs ; les croyants répondent que les nations sont simplement les pions de l'échiquier céleste, le grand joueur de là-haut les fait marcher dans l'intérêt de la partie merveilleuse qu'il conduit sur tous les points de l'univers ; questions, doutes, sophismes, blasphèmes n'obtiennent pas de réponse ; le général en chef garde le secret de la manœuvre et de la victoire future.

Déjà, vers 1840, on répétait cette bourde sur la prétendue mort du salon : Madame de Girardin répondit dans un de ses spirituels courriers de la *Presse*, et elle énuméra vingt grands salons. Tant pis pour vous, Madame ou Monsieur, si les salons ne vous plaisent pas : vos dédains ne les empêchent pas de vivre.

J'ai connu beaucoup de cénacles, j'y ai perdu pas mal de temps, et m'y suis ennuyé quelquefois ; j'y ai noué des amitiés charmantes, fait d'exquises découvertes d'âmes et d'esprits. Salons sans épithète, salons où l'on cause et salons où l'on pose, salons d'ostentation, salons politiques, académiques, diplomatiques, littéraires, musicaux, artistiques, religieux, salons où l'on joue la comédie, où l'on danse, où l'on dîne, où l'on s'amuse, où l'on se morfond, salons d'opposition et de gouvernement, voilà quelques variétés, et chaque variété se subdivise à l'infini. Il y a autant de salons que de maîtresses de maison, et chaque maîtresse de maison a plusieurs salons, suivant l'heure de la journée, le nombre des visiteurs, la quantité de lumière s'il fait nuit, l'état du ciel s'il fait jour. Chez la marquise de Lambert, le mardi appartient aux gens de lettres, le mercredi aux mondains ; quelques-uns, comme Fontenelle, Hénault, font partie des deux ateliers.

Ce que je vous conseille, cher lecteur, de fuir comme la peste, c'est l'endroit où les conversations roulent sur des personnes que la maîtresse de maison et deux ou trois interlocutrices sont seules à connaître ; j'en sais un où ces snobinettes parlent de leurs amies et amis en les appelant par leurs prénoms, où l'une d'elles nous a raconté pendant vingt minutes ses goûters chez Colombin et à l'Elysée Palace : j'avais envie de la battre, j'ai juré qu'on ne m'y prendrait plus, et j'ai tenu parole. Je ne veux pas nommer cette *dinde exquise*, comme disait Jules Lemaître ; ses fidèles ne me le pardonneraient pas : elle a un si bel hôtel, elle donne de si bons dîners, son mari gagne tant d'argent, a une si belle chasse ! Pensez donc : elle a tout l'esprit de ses truffes, de ses foies gras, de ses fleurs, de ses loges, des artistes qui viennent chanter chez elle. Et c'est pourquoi quelques gens de mérite, de talent même,

continuent d'y fréquenter ; l'un d'eux me l'a confessé
sans fard, ajoutant : oui, les sots, les ignorants, les
philistins des deux sexes y tiennent le haut du pavé,
mais je ne les écoute pas, je leur réponds au besoin
avec mon moi mondain, et mon autre moi pense aux
choses qui l'intéressent.

Cinquante-sept ans de vie de salon me donnent peut-
être le droit de répéter aux débutants le conseil de
Madame Cuvier : Souvenez-vous qu'on vous goûtera
bien plus dans le monde pour les qualités que vous
découvrirez aux autres, que pour celles que vous pos-
sédez vous-même. Autrement dit : parlez beaucoup aux
gens d'eux-mêmes, le moins possible de vous-même.
Et encore, et surtout, sachez écouter : c'est là une science
dont on ne soupçonne pas la valeur, où bien peu excellent. Il y a des gens qui tout haut, ou tout bas, raisonnent comme ce brillant causeur : « Oui, je resterai
chez les X···, si on m'écoute. » Et ce sont parfois des
gens aussi pleins d'eux-mêmes, que vides d'idées originales. Certes, à écouter on risque d'entendre neuf
cent quatre-vingt-dix-neuf niaiseries ou balivernes
pour un mot rare, ou seulement plaisant ; mais d'autre
part, s'écouter, c'est se prendre sur le fait, se trahir,
se confesser à soi-même et aux autres. D'ailleurs bien
écouter instruit, coûte peu, charme l'éternelle tribu des
bavards ; et la directrice du salon vous en sait gré,
pourvu que, sur un signe d'elle, vous soyez toujours
prêt à ravitailler la causerie lorsqu'elle tombe, s'égare
vers des thèmes dangereux, ou se noie dans des riens
par trop insipides. Et puis les sots sont instructifs ; ne
fournissent-ils pas des comparaisons lumineuses, des
exemples à éviter, comme ces ilotes que les Spartiates
enivraient pour détourner la jeunesse de l'ivrognerie ?
La conversation n'est pas seulement l'art de se faire

apprendre des choses que l'on sait par des gens qui
ne les savent pas : avec elle on acquiert plus encore,
ne fût-ce qu'un peu de patience à supporter ceux
qui entrent dans les rites, et violent les lois du goût,
comme un hippopotame entrerait dans un magasin
de vieux Saxes, ou dans les vitrines de cloisonnés de
mon ami Gustave Berly. Et c'est proprement un des
principaux impératifs catégoriques — pour parler
comme les philosophes, — de la science du monde.

Cette science du monde, les initiés en goûtent pleinement le charme dans les salons de la première partie du xixe siècle, alors que les traditions de l'ancienne
société française se maintiennent à peu près intactes,
grâce aux personnes qui l'avaient cultivée, à leurs
descendants directs. Principes politiques, élégance
des manières, semblent alors solidaires, et les demeu-
rants d'un autre âge en conservent du moins les
grâces. Mais, de même que la liberté, la démocratie,
la science, les voyages, le chemin de fer, le télégraphe, le téléphone, l'aviation, modifient l'atmosphère
de la grande société européenne, ces facteurs influent
aussi sur cette société restreinte qui s'appelle le monde
poli. Les salons se sont multipliés à l'infini, à Paris,
en province, et en même temps ils se sont imprégnés
d'exotisme : ils ont perdu en partie leur prestige, leur
crédit, ou plutôt ce prestige, à force de s'éparpiller,
semble se dissoudre, comme un flacon d'essence qui
parfume une barrique, et devient presque insensible
dans un foudre. Cependant il garde sa flamme, cette
flamme qui ne saurait pas plus s'arrêter que le feu des
hauts fourneaux, pas plus que la civilisation elle-
même, dont la société polie est une sorte d'élixir. C'est
dans une oasis de celle-ci que George Sand répondit
à un brillant causeur qui, la rencontrant chez une

amie, trahissait naïvement sa déception de la trouver
très silencieuse : « Vous venez ici pour travailler,
Monsieur ; j'y viens pour me reposer. »

Une autre classification des salons du xix⁰ siècle
consisterait à les classer par époques ; elle soulève
mainte objection. De même qu'un salon peut présenter plusieurs aspects, — d'aucuns semblent tour à
tour un caravansérail, une académie, un concile, un
club, un séminaire, une Chambre des Députés, un
boudoir, un temple de Gnide, — de même il n'appartient pas exclusivement à telle ou telle période. Le
salon de madame de la Briche commence avant 1789,
traverse le Directoire, le Consulat, l'Empire, la Restauration ; celui de madame de Staël plonge ses racines dans l'ancien régime, et meurt avec elle en 1817 ;
celui de madame Récamier se prolonge pendant la
Monarchie de Juillet ; le salon de madame de Nerville
et de sa fille madame Aubernon va de 1840 à 1899 :
« Ah ! disait Gounod, embrassant un ami longtemps
absent, combien de gouvernements se sont succédé
depuis notre dernière causerie ! » Jusqu'en 1870, nos
régimes politiques, hélas ! ont duré moins que les salons : ce sont ceux-ci qui, avec l'Eglise et la Science,
l'Académie et la bureaucratie, ont représenté l'esprit
de stabilité, l'ordre et le respect.

Je plaide pour les salons, parce qu'ils sont un de
nos derniers refuges contre l'invasion des barbares ;
par celle-ci j'entends la poussée socialiste, la tyrannie
parlementaire, plus dangereuse parfois que la tyrannie
d'un seul, car elle échappe à toute responsabilité ; j'entends l'envie, le débraillé moral, la courtisanerie démocratique, maux connus des républiques de l'antiquité,
le fléchissement du principe d'autorité dans tous les
ordres, la moquerie universelle, le progrès de l'argot

dans l'art et la littérature. Ma conviction est profonde, et, j'ose le croire, bien fondée. Mais il faut aussi confesser que les salons ont leurs taches, ou si l'on veut leurs tares, que beaucoup d'entre eux appartiennent au type du salon de pacotille ; or celui-ci fait naître de fâcheuses confusions, qui permettent aux critiques de mauvaise foi ou aux ignorants de prononcer une condamnation en bloc, sans distinguer, sans établir de catégories. Il y a toujours eu, il y a, il y aura toujours des salons de pacotille, surtout parmi les salons officiels et parmi les salons purement mondains : ils sont représentatifs d'un état d'esprit, d'un état de frivolité, d'indifférence, reflètent nettement la vanité, l'égoïsme, ou les mesquines ambitions des directrices et des invités.

Cinquante rimeurs pour un poète, vingt parleurs pour un orateur, dix salons de pacotille pour un salon véritable! C'est l'histoire de l'éternelle médiocrité, de l'éternel mouton de Panurge, de la grenouille qui veut égaler le bœuf, c'est l'application de cette loi générale qui exige que beaucoup de glands soient nécessaires pour produire un chêne, beaucoup d'officiers pour former un grand chef de guerre. Un salon est une fragile œuvre d'art, de patience, et peu de gens sont artistes, très peu ont la persévérance, dont Buffon faisait la condition principale du génie. Aussi les salons à la minute, les salons à la douzaine fourmillent-ils dans Paris la Grand'Ville.

Quels sont les caractères du salon de pacotille?

Tout d'abord, il sent l'improvisation ; il lui manque cette première vertu, la durée ; on est tenté de répéter la réflexion qui venait à l'esprit de chacun, devant ces chatoyants palais de la Rue des Nations à la dernière Exposition Universelle : « Tout cela sera détruit l'an prochain ! » Et puis, l'observateur note une foule de dissonances : les invitations sont trop facilement accordées, et je sais même certaines maîtresses de maison qui les font offrir ; elles ont des racoleurs qui vont à la chasse de l'homme célèbre, ou seulement connu, de la beauté professionnelle, des personnes très bien nées. Les dîners manquent d'harmonie, on met les uns à côté des autres des gens qui sont aux deux pôles du monde intellectuel, ou même qui se détestent. S'agit-il d'une soirée, on invite huit cents personnes pour un appartement qui peut en contenir deux cents ; je me rappelle certain raout, chez madame B... où nous faisions littéralement la queue dans l'escalier. Trop de monde, aucune intimité, des concerts interminables où les hommes restent debout, et ne songent qu'à s'évader de cette geôle, des amphitryons qui vous connaissent à peine, des invités qui viennent des quatre coins de l'horizon, la confusion des langues et des esprits, l'absence universelle de tact et de goût, voilà les traits distinctifs du bazar mondain à vingt-neuf sous.

Quant aux moyens d'élever ces éphémères châteaux de cartes, rien de plus simple, et, en vérité, la recette est à la portée de tous ceux qui ont un portefeuille bien garni. Des fêtes, encore des fêtes, toujours des fêtes ! Seulement, comme dit l'autre, il y a la manière. Nous jouerons le même air, concluait un homme d'Etat, seulement nous le jouerons mieux. Il y a des degrés, comme il y a des quarts de talents, des demi-talents. Avec de l'argent, beaucoup d'argent, on arrive déjà à un résultat, et je veux signaler la belle théorie d'un vieux comte de Béthune-Sully, à qui une dame proposait de le conduire chez une amie : — Donne-t-elle des dîners ? — Non. — A-t-elle une loge à l'Opéra ?

— Non. — A-t-elle un château, une chasse, pour les réceptions d'automne ? — Non. — Alors, pourquoi voulez-vous que je fasse sa connaissance ? » Grande leçon pour les apprenties directrices de salons !

N'exagérons rien cependant. De même que certains députés ont une fois dans leur vie, des minutes, des quarts d'heure d'éloquence, de même ces salons snobs vous ménagent parfois une rencontre exquise et imprévue, l'audition d'un artiste qui remue soudain toutes les fibres de votre âme, une sensation de beauté collective. On y voit, amenés par des raisons de flirt ou de convenance, des gens très spirituels, et l'on y entend des propos réjouissants : telle naïveté a son prix, telle fatuité s'épanouit en paroles comiquement sonores. Savourons par exemple la remarque de cette étourdie lorsque son mourant annonce qu'on a distribué le *Livre Jaune* à nos très-hauts et tout-puissants seigneurs du Parlement : « Les malheureux ! Ils ont aussi un annuaire ! » Et ce gros banquier distrait que l'on interrogeait sur la santé de sa femme, et qui répond machinalement : « Molle et offerte ! » Toujours dans un salon de pacotille, une arriviste vaniteuse interpelle madame de... : « On m'assure, madame, que vous avez prétendu que j'étais la maîtresse de Son Altesse le prince... — Je m'en suis bien gardée, car cela vous aurait trop charmée, puisque vous faites tout ce qu'il faut pour qu'on le croie. » Et j'ai grapillé bien d'autres traits dans des maisons de cet acabit, qui d'ailleurs finissent quelquefois par jouer à peu près le personnage des autres.

Raconter la vie intime des salons du xix⁶ siècle constituerait une sorte de travail encyclopédique : je me bornerai pour l'instant à égrener mes souvenirs sur quelques-uns de ceux où j'ai fréquenté.

Le baron Ernouf, historien de talent, petit-gendre du baron Bignon, ministre plénipotentiaire de Napoléon Ier, m'avait conduit chez son ami Latour du Moulin, député, qui n'était ni grand orateur, ni grand politique, mais, comme eût dit le maire de ma commune, il voyait pousser l'herbe à quinze pas devant lui. Or, il avait très bien remarqué que l'opinion publique évoluait, que la guerre de 1866, entre la Prusse et l'Autriche, avait porté un coup redoutable au prestige napoléonien ; et, après avoir été un des mamelucks ministériels, il préparait doucement sa conversion vers le tiers-parti, même vers la gauche ouverte que dirigeait Ernest Picard.

Et il essayait d'amadouer les uns et les autres en donnant d'excellents dîners. Les dîners n'ont-ils pas été de tout temps un très utile instrument de règne ? Et peut-être aurait-il réussi à devenir ministrable, comme certains cardinaux deviennent papables, sans le coup de tonnerre de 1870.

Madame Latour du Moulin avait la grâce de son hospitalité, et son accueil corrigeait certaines bévues du mari, qui manquait d'attirance, de rayonnement sympathique, de tact mondain, n'avait pas non plus le secret des paroles ou des gestes retentissants, ne s'imposait donc, ni par un talent élevé, ni par un sens diplomatique supérieur. Au fond les collègues invités par lui ne prenaient pas au sérieux ses petites manœuvres, ses tentatives de ralliement, et je me rappelle avoir entendu l'un d'eux paraphraser le mot si plaisant d'un grand seigneur sur le trop fameux épicurien Grimod de la Reynière : « On mange Grimod, on ne le digère pas. » Mais des sourires et des plaisanteries ne sont pas des raisons en politique, et, de voir à qui le Destin, depuis que le monde est monde, distribue la fortune, les honneurs, les places, les dignités, c'est de quoi justifier les intrigues de Latour du Moulin s'essayant, plus ou moins adroitement, aux grâces d'un libéralisme timide, afin de décrocher la timbale au haut du mât de cocagne éternellement dressé pour tenter la convoitise des ambitieux de tout poil et de tout plumage. J'ai eu le plaisir de rencontrer chez lui Gudin, le célèbre peintre de marine, avec sa fille, qui me paraissait un peu froide, un peu distante, toute recueillie dans sa rare beauté; celle-ci éveillait le souvenir des belles châtelaines et ladies peintes par Gainsborough et Reynolds; sa mère était anglaise, et elle avait hérité d'elle une taille idéale, avec une carnation où le duvet de la pêche, les couleurs de la rose, se fondaient harmonieusement.

Gudin était aimable causeur, quand on arrivait à lui inspirer un peu de sympathie; il contait ses débuts, son rude et persévérant effort, comment il se faisait attacher au mât d'un navire pour observer la mer quand celle-ci se soulevait, emporter en quelque sorte avec lui l'âme de cette mer, et la traduire sur la toile, en même temps que les attitudes du vaisseau, le travail silencieux, discipliné, des matelots luttant contre la tempête. Et puis des récits de voyages, des portraits causés de gens célèbres, des farces d'atelier, mais toujours avec le ton, les manières et les nuances d'un parfait gentleman.

C'est encore chez les Latour du Moulin que je connus la baronne Blaze de Bury avec ses filles, Yetta et Fernande de Bury; et ce fut le point de départ de relations qui s'épanouirent en amitié, avec une note admirative de ma part pour tant de dons originaux concentrés dans une seule famille. Tous ces Bury avaient du talent ou presque du talent, un esprit vif, primesautier, indépendant, une ferveur d'activité extraordinaire dans l'ordre intellectuel, le besoin inextinguible de goûter les fruits de l'arbre de la science, parfois si amers, et d'y faire mordre les autres. Blaze de Bury a écrit vingt volumes, pleins d'érudition élégante, de grâce pénétrante et incisive, sur les sujets les plus variés: certaine étude de lui, dans la *Revue des Deux Mondes*, sur Bianca Capello, grande duchesse de Florence, m'a émerveillé, et n'est jamais sortie de ma mémoire; je la relis encore de temps en temps. Avec cela, beau-frère de François Buloz, critique musical de la célèbre Revue[1]. Pourquoi n'a t-il pas décroché la timbale d'académicien? Qui sait? Peut-être trop de fantaisie, de papillonne dans la conduite de la vie. Mais cela ne suffirait pas. Tant d'autres réussissent, malgré la fougue de leur tempérament littéraire ou moral; tant d'autres échouent avec les qualités qui devraient les désigner aux suffrages des Warwicks faiseurs d'immortels! Il y a la chance, le petit gravier dont parle Pascal à propos de Cromwell, le je ne sais quoi où se combinent, dans la grande marmite du destin, les ingrédients variés. volonté, persévérance, talent, protecteurs efficaces, adversaires maladroits, opinion publique, succès oratoires ou littéraires, qui font l'homme arrivé ou parvenu.

Madame de Bury m'invita gracieusement à ses réceptions du samedi. La situation de son mari amenait chez elle beaucoup d'artistes désireux de témoi-

---

1. Quelque mauvais plaisant lui consacra ce distique à la rime opulente:

> Contemporain du tilbury,
> Est-il Blaze, est-il Bury?

gner leur reconnaissance, ou de se créer des titres particuliers à la gratitude effective du maître de maison. Et je ne pourrais citer tous ceux qui se firent entendre dans le cénacle, de 1867 à 1870 ! Ce n'était rien moins que les premiers sujets de l'Opéra, de l'Opéra Comique, et de ce Théâtre Lyrique où nous autres jeunes gens, nous accourions avec empressement pour applaudir Nilsson et Miolan Carvalho dans la *Flûte Enchantée* : ces jours-là, nos modestes parterres nous semblaient des places d'honneur que les rossignolades des cantatrices transformaient en paradis, selon la formule. Ce qui me séduisit au moins autant chez madame de Bury, c'est la présence assidue de nombreux collaborateurs de la *Revue des Deux Mondes*, professeurs à la Sorbonne, au Collège de France, mondains et mondaines à la mode. Ma joie était extrême de frôler des littérateurs ayant leurs entrées dans cette Revue qui me semblait le saint des saints. Si j'avais eu huit oreilles et autant d'yeux, comme Brahma dans certaines de ses statues, je les aurais dardés sur ces personnages, si imposants devant mon imagination, qui disaient, le plus simplement du monde, des choses très simples, parfois aussi semaient des perles et des rubis dans leur causerie. C'est là que j'ai appris à écouter et à regarder avec les yeux de l'âme les gens célèbres. Parmi eux, Villemain était très fêté, et son esprit scintillait d'autant mieux qu'il se sentait plus entouré. Madame de Bury me présenta un jour à lui : mon émotion fut si grande, qu'il s'en aperçut, et je crois que cet hommage involontaire ne lui déplut pas ; il me demanda plusieurs fois des nouvelles du monde des étudiants, et je savais être agréable en racontant quelque frasque ou boutade de mes camarades contre le gouvernement. Il ne pouvait le sentir, ses coups de langue couraient les salons, se colportaient dans les cafés du Quartier Latin, je le lui disais, et il paraissait enchanté. Comme Doudan, il ne cessait d'annoncer la catastrophe finale, et, par instants, sa parole sonnait comme le Mané, Thécel, Pharès de l'Empire. Un jour, dans une matinée d'enfants, la marquise de Grammont, après avoir causé avec lui, propose : « Si nous allions voir danser l'avenir ! — J'aimerais mieux voir sauter le présent, prononce-t-il [1] ».

Quel délice de l'entendre égrener ses souvenirs sur le comte de Narbonne, la Restauration, la Monarchie de Juillet ! Il était intarissable. Un ministre d'autrefois, renversé par une sorte de conspiration du silence, constatait mélancoliquement : « Nous avons été étranglés entre deux portes. — C'est souvent le sort des eunuques, riposte Villemain. »

Cependant il trouva un jour son maître, Saint-Marc Girardin, orléaniste lui aussi, qui retorqua une diatribe de Villemain s'indignant de la prodigieuse fortune de Napoléon III : « Boulogne et Strasbourg, qui cachèrent Napoléon aux classes élevées, le montrèrent au peuple. » Le mot fut applaudi, comme il le méritait. Plus tard, dans le salon du duc de Broglie, le même Saint-Marc Girardin répliquait à un détracteur forcené : « Vous ne me ferez pas croire, malgré tout, que trente-six millions de Français se soient laissés gouverner pendant dix-huit ans par un imbécile. » Et, en terminant un couplet spiritualiste :

1. L'Empereur, croyant sans doute amadouer Villemain, lui annonce qu'il vient d'accorder une grâce à un de ses parents. — Villemain s'incline, et répond froidement : « Sire, on ne répond pas de toute sa famille ».

« L'homme ne s'appule que sur ce qu'il n'a pas créé. »

Voici un autre fidèle du salon Bury, grand ami de la maîtresse de céans, Quesnay de Beaurepaire, magistrat éminent, auteur de trois remarquables romans, *le Berger, le Forestier, le Marinier*. Quesnay de Beaurepaire était un causeur d'intimité, de pénombre, comme beaucoup d'autres hommes du premier ordre, comme cet admirable Victor Cherbuliez, que l'éloquence genre Diderot et madame de Staël, la conversation à grand orchestre, inquiétaient, agaçaient peut-être, en tout cas réduisaient au rôle de muet, lui qui, soit la plume à la main, soit devant deux ou trois amis, mettait un mot, un trait, une pensée dans chaque phrase. Madame de Bury me conta plus tard une remarque, magnifiquement modeste, de Quesnay de Beaurepaire qu'elle essayait de consoler de n'avoir pu convaincre le jury dans une affaire capitale. — Qu'importe, puisque vous avez montré beaucoup de talent et de courage? — Non, je n'ai pas eu de courage, puisque je n'ai pas su en inspirer. »

Madame de Bury, anglaise de naissance, avait de bonne heure appris, chez un de ses parents, lord B. le métier de maîtresse de maison, métier infiniment plus difficile qu'on ne croit, puisque tant de femmes s'y essaient, y méritent à peine un accessit, et sont aux modèles du genre ce qu'un peintre d'enseignes est à Gustave Moreau, un ménétrier de village à Rubinstein, un gâcheur de plâtre au sculpteur Mercié. Son talent était avant tout aiguillé par sa volonté, et j'imagine qu'il y avait en elle une politicienne cosmopolite, presque une femme d'État qui, malgré son ardente recherche, n'avait pu trouver son cadre ou son tremplin. Elle avait plutôt le sens des idées générales, de leur logique et de leur enchaînement, que celui des idées brillantes, phosphorescentes, où se complaît le goût français. Avec cela, une aptitude universelle à comprendre, un grand orgueil, le désir assez naturel d'imposer ses conceptions, et de ne se subordonner en aucun cas : ces derniers traits expliquent peut-être l'insuccès relatif d'une femme si bien douée. Agée de quatre-vingts ans, elle écrivait de grands articles pour des revues anglaises, tant la vieillesse avait peu de prise sur ce cerveau si vaillant. Une de ses prétentions, était de s'y connaître supérieurement dans cet art, trop négligé de nos jours par les jeunes femmes, que Rabelais appelle la *Science de Gueule* : « — Mon cher ami, me dit-elle souvent, savez-vous distinguer l'aile gauche du poulet de l'aile droite ? — (C'était son critérium). — Non certes, répondais-je. — Alors vous ne savez rien en cuisine ; moi, je fais la distinction les yeux fermés, et mon goût ne me trompe jamais. » — J'objectais alors que Nomentanus, Apicius, Grimod de la Reynière, Cambacérès, Brillat-Savarin, ignoraient aussi cette distinction. Et nous disputions sur ce problème majeur. D'ailleurs, elle appliquait à la rigueur son principe, et son mari rivalisait de ce chef avec elle, si bien que chacun d'eux achetait son poulet chez le marchand de son goût, l'apportait chez lui, le faisait rôtir à part, mangeait d'abord l'aile droite, puis l'aile gauche, puis la patte droite, puis la patte gauche : chacun avait son buffet, et après l'accomplissement du rite gastronomique, renfermait le reste de sa volaille avec une clé spéciale. Et je ne me suis jamais risqué à demander quelle était la part de mesdemoiselles de Bury ; mais je me suis à ce propos rappelé la question d'une de mes amies, qui attachait, elle aussi, la plus grande importance à *la réfection de dessous le nez*, et donnait deux dîners consécutifs, afin sans doute, que les fleurs et le dessert servissent le second jour. « Voyons, me dit-elle, voulez-vous être du dîner des ailes ou du dîner des pilons? » Et elle se scandalisa fort, parce que je répondis que je voulais être du dîner où l'esprit de ses convives aurait des ailes. »

Le salon de madame Auguste Laugel était certes moins brillant, moins capiteux que celui de madame de Bury, mais il eut plus de continuité, plus d'homogénéité aussi. Savant distingué, psychologue social, historien sagace, voyageur, polémiste, poète même, métaphysicien subtil et collaborateur de la *Revue des Deux Mondes*, du *Temps*, membre de nombreux Conseils d'Administration, Secrétaire des Commandements du duc d'Aumale qui l'honorait de sa confiance absolue et de son amitié, Auguste Laugel, tout en écrivant sur la France, l'Angleterre, l'Italie, l'Allemagne, des livres qui auraient dû lui ouvrir les portes de l'Institut, ne chercha jamais à violenter le succès; au contraire, il semblait préférer la pénombre. A l'encontre de tant de gens qui tirent plusieurs moutures du même sac, il laissait ses livres parler pour lui, et, même dans le monde, observait une attitude réservée, discrète, écoutant beaucoup, parlant peu, mais ne parlant que pour émettre quelque réflexion valant la peine d'être retenue. J'ai rarement vu quelqu'un ayant à tel point la pudeur de son talent, et par exemple j'ai ignoré pendant trente ans qu'il avait publié de remarquables traités sur l'*Optique et les Arts*, l'*Œil et la Vision*, *la Voix*, l'*Oreille et la Musique*. Quelqu'un disait du ministre Villèle : « C'est une grande lumière qui brille à peu de frais. » On pourrait dire de Laugel : « C'est une grande lumière qui

éclaire les cénacles et les initiés. » J'imagine qu'il eût
été un admirable ambassadeur, et, par son dévouement plein de tact, il a rendu de précieux services à
la cause qu'il aimait. Il avait en 1854, épousé miss
Chapmann, nièce de M. Sylvain Van de Weyer, ministre de Belgique à Londres, appartenant à une
famille considérable de Boston ; de là sans doute l'allure un peu bigarrée du salon Laugel, où, en même
temps que l'élite politique et littéraire des Etats-Unis
du Nord, de passage à Paris, affluaient des amis tels que
Reeves, Klatzko, la Rive, lord Acton, lord Lytton, la
marquise de Montagu, M. et madame Mohl, Mrs. Gas-
kell, lady Elgin, les Quatrefages, X. Doudan, Ampère,
Villemain, Louis de Loménie, Souvestre, Geoffroy
Saint-Hilaire, Tourguénieff, le duc de Broglie, le comte
de Mérode, le comte de Ségur, le baron Claude de
Barante etc... C'est à ce dernier que Laugel confia
son journal inédit depuis 1848, et sa correspondance
avec le duc d'Aumale, auquel il écrivait presque tous
les jours ; ils sont en bonnes mains, seront publiés en
temps et lieu, et contiendront maint dialogue révéla-
teur sur les coulisses politiques de 1871 à 1873. Je
laisse à penser quelles conversations on entendait
dans ce salon de la rue de la Ville l'Evêque, où de
tels étrangers apportaient à de tels Français le parfum
de leur civilisation, et recevaient en retour l'initiation
aux grâces de l'esprit, aux comédies et tragédies intimes de notre vie sociale. C'est là qu'on ciselait les
plus fines épigrammes contre le Second Empire,
qu'on se consolait des défaites du présent et des
échecs... de l'avenir par des railleries élégantes, par
ces *Lettres de Verax*, longtemps attribuées au duc
d'Aumale, écrites en réalité par le maître de céans ;
là encore qu'on s'intéressait si vivement aux brillantes

chroniques d'Arthur de Boissieu, qu'on savourait ses mots sur le règne de Napoléon III : *un sphinx qui n'a pas d'énigme, un rêve des Mille et une Nuits réalisé*; celui d'un autre adversaire : le 2 décembre 1851, c'est la bataille de Clichy des insolvables. La *Lanterne* d'Henri Rochefort, ses plaisanteries un peu vulgaires, ses traits féroces, les ridicules du gouvernement si âprement dénoncés, *les trente-huit millions de sujets sans compter les sujets de mécontentement*, ne laissaient pas d'alimenter la conversation, fournissant à tant de beaux esprits des c rasions de faire pleuvoir mille flèches acérées sur le chef de l'Etat et ses collaborateurs. Parmi ces causeurs, le comte Werner de Mérode, avant et après 1870, était un des plus charmants, ayant la grâce avec la finesse souriante, et la simplicité du grand seigneur qui se répand sans se soucier aucunement d'emmagasiner son miel pour conquérir une réputation devant ses contemporains ou devant la postérité. Ses boutades couraient de salon en salon, se colportaient dans la presse, démarquées et souvent attribuées à d'autres ; il n'y prenait pas garde, et continuait de plus belle. A propos d'un ministre qui venait de passer de vie à trépas, il nous dit gaiement : « Son meilleur discours est celui qu'on vient de prononcer sur sa tombe. » Un magistrat fort connu rendait plus de services que de véritables arrêts : « Sa conscience juridique murmure bien un peu, observa M. de Mérode, mais son intérêt personnel crie si fort qu'il n'entend plus le bêlement d'icelle. » Il estimait qu'en politique on se fait une conviction par les coups qu'on donne ou qu'on reçoit, que la charité est le droit des riches; il reprochait aux gouvernants de se guider d'après cette maxime : je dépense, donc je suis, — et insistait souvent sur cette vérité redoutable. « Paris fait la loi à la province, et l'émeute fait la loi à Paris. » Nul mieux que lui ne m'a offert l'image des grands seigneurs d'autrefois, un Nivernais, un Narbonne, un prince de Ligne. Nous étions un peu compatriotes, il avait un château historique à Maîche dans le Doubs, et il m'invita à faire connaissance avec ses chasses dans les Ardennes belges : d'hésitation en hésitation, d'ajournement en ajournement, des obstacles surgirent, et je ne connus ni Maîche, ni les chasses des Ardennes.

Je fis chez madame Laugel la connaissance des Mohl. Le mari, professeur au Collège de France, membre de l'Institut, parfaitement bon, désintéressé, spirituel et aimable ; il a la grâce d'une femme, disait-on. Sa femme, née Clarke, originale, excentrique au premier chef, si gaie qu'elle seule parvenait à dérider Chateaubriand chez madame Récamier. Elle avait cinquante-sept ans quand elle épousa Mohl, lui quarante-sept, et ils cachèrent assez longtemps leur mariage, comme on dissimule une mauvaise action. Contraste piquant : elle portait des toilettes effroyables, et montrait une susceptibilité extrême au sujet de son âge. Le jour de ses épousailles, lorsque le maire lui demanda son âge : « Monsieur, répondit-elle, cela ne vous regarde pas, et si cela vous regardait, je sauterais par la fenêtre plutôt que de vous le dire. » Même à quatre-vingt-treize ans, peu avant sa mort, elle ne pouvait se décider à avouer plus de soixante-huit printemps, et recourait à tous les artifices pour tromper ses amis là-dessus. Quelqu'un lançait-il ? « Il y a de cela cinquante ans. — Oui, précisément, reprenait-elle, je venais d'avoir dix-huit ans. » M. Thiers la rencontre chez un ami, et se plaint de ne l'avoir pas vue depuis quarante ans ; fort

ennuyée, elle se penche vers la maîtresse de maison,
et *sotto voce* : « Ce vieux fou a perdu la tête, il ne
sait pas ce qu'il dit ; il se trompe de vingt ans. »

Elle commença de tenir salon vers 1840, en fit sa
principale affaire, et persista jusqu'à sa mort (1883) ;
l'excellente discipline enseignée par madame Récamier ne l'avait presque pas modifiée, et le naturel
bohème, fantasque, fougueux, revenait fréquemment.
Un jour, par exemple, madame Ristori étant chez
elle, elle s'écrie : « Tous les Italiens, c'est de la canaille ! » Comme ces bourrasques étaient la rançon de
grandes qualités, on lui passait tout, et on voyait chez
elle l'élite des hommes du jour : Thiers, Tocqueville,
Guizot, Doudan, Cousin, Augustin Thierry, Edgar
Quinet, de Maupas, de Loménie, Jules Simon, Renan,
Tourguénieff, Helmholtz, Ranke, de Broglie. Quant
aux rafraîchissements, elle restait fidèle à la simplicité rigide de la mode sous la Restauration : une
théière, une assiette de biscuits. Quelquefois on la
trouva perchée, comme une petite sorcière — qu'elle
évoquait curieusement, — sur la cheminée de son
salon, et causant à son aise dans cette position singulière. A Londres, où elle vint en 1856 chez ses amis
Stanley, elle fut tout d'une voix proclamée la *femme
la plus amusante*.

Elle se mettait en quatre pour les amis atteints de
la *fièvre verte*, faisant alors passer plus d'un mauvais
quart d'heure aux immortels amis, les gourmandant,
les suppliant pour ses candidats. Et il fallait, m'a dit
en 1870 M. Guizot, une rare dextérité pour éviter
les querelles sans se soumettre à son joug. Les jours
d'élection, le salon de la rue du Bac ressemblait,
affirme son biographe, au quartier général d'une armée avant la bataille. Une de ses grandes joies acadé-

miques fut l'élection du P. Lacordaire succédant à son ami Tocqueville, avec M. Guizot chargé de lui souhaiter la bienvenue. Hélas! la présence de l'Impératrice gâta un peu son plaisir à la séance de réception. Elle détestait Napoléon III qu'elle n'appelait jamais que : *celui-ci*; comme en d'autres milieux on disait grossièrement : Badinguet.

M. Mohl partagea cette aversion, et, pendant une visite du roi de Wurtemberg, il déblatérait avec une telle âpreté, que son interlocuteur finit par protester : « Doucement, mon cher Mohl : il y a entre nous autres rois une sorte d'esprit de corps; de plus, je suis l'hôte de l'Empereur. Je ne puis vous entendre le traiter ainsi. — Très bien, Sire, reprit M. Mohl, disons canaille, et n'en parlons plus. » Quand la reine de Hollande vint aux Tuileries, en 1869, elle demanda s'il y avait encore des salons à Paris. « Oui, dit Napoléon III, il y a celui de madame Mohl, mais elle ne me fait pas l'honneur de m'inviter — Elle m'a invitée à déjeuner, mais étant chez vous, je n'accepterai pas l'invitation. — Vous n'êtes pas chez moi, vous êtes chez vous; je vous demande comme une faveur d'aller chez madame Mohl. » La reine y alla, les convives agréés par elle étaient MM. Thiers, Barthélemy Saint-Hilaire, Mignet, Jules Simon, Prévost-Paradol, Léopold Ranke. Une amie ayant questionné madame Mohl sur la confection de son menu : « Ma chère, répondit-elle, je lui donnerai une langouste, ma cuisinière les prépare admirablement. » Une langouste représentait pour elle le superlatif culinaire. Le plus drôle, c'est qu'elle invitait quelquefois trop de monde pour sa table; alors elle disait aux convives surnuméraires : « Attendez que les premiers aient fini, on vous servira ensuite. » On ne pensait guère au dîner, la fête de l'esprit était servie pour tous, et l'on ne désirait qu'elle, affirme Barthélemy Saint-Hilaire. Trop peu occupée de la guenille, madame Mohl avait à cœur que chaque invité fût content, bien encadré, que le menu intellectuel ne laissât rien à désirer.

Un soir, je vis chez madame Mohl X. Doudan, qui me fit une extraordinaire impression. Physiquement, il me parut qu'il ressemblait à Bertin aîné dans le portrait d'Ingres ; moralement à Erasme ; intellectuellement à Fontenelle. Nul mieux que lui, me dit la comtesse d'Haussonville, ne réalisa la maxime du sage :

Ami, cache ta vie, et répands ton esprit.

Précepteur du jeune de Rocca fils de madame de Staël, chef de cabinet du duc Victor de Broglie, partageant l'existence de cette famille, modeste, susceptible, n'aimant que les idées, détestant l'action, il a été un des premiers épistoliers du xix⁰ siècle. Ses amis, Saint-Marc Girardin, Sacy, Langsdorf, Jussieu, Cuvillier-Fleury, proclament à l'envi qu'il fut aussi un merveilleux causeur, et il m'a suffi d'une heure pour garder de lui un ineffaçable souvenir. Ce soir là, il était engagé avec Auguste Laugel, non certes dans une discussion, mais dans une causerie où, tous deux, à peu près égaux par l'érudition, sinon par la verve, — Doudan l'emportait de beaucoup — donnaient de grands coups d'aile à travers le xviii⁰ siècle. Doudan marqua un faible pour celui-ci ; il étala, certes, disait-il, des vices que nous n'avons pas, mais aussi quelques vertus que nous n'avons guère ; oui, il fut animé d'une généreuse inquiétude sur le sort des hommes, il voulut sincèrement la justice et la miséricorde en ce monde, il remit en honneur les sentiments naturels, les liens de famille, et même il plaça les affections passionnées au-dessus du calcul des intérêts... Je fus frappé de quelques aphorismes de Doudan : « La Providence ici ressemble parfois à cette madame Benoîton qu'on ne trouve jamais chez elle... Thiers a tout l'esprit que la foule est capable de comprendre... On pense toujours à quelqu'un à propos de quelque chose... La jeunesse a la couleur, l'âge mûr a le dessin... La civilisation est une dame qui boit volontiers un verre de vin sur le comptoir... Celui qui ne peut pas peupler une cabane du luxe de ses rêves, habitera inutilement un palais... » [1]

Tout d'un coup, et tandis qu'il semait les pensées les plus fines avec une prodigalité de milliardaire, Doudan s'aperçut que onze heures venaient de sonner ; il trottina doucement vers la porte, et disparut presque comme Cendrillon dans le conte de Perrault. Je ne l'ai plus revu, j'ai quelquefois interrogé sur lui le duc Albert de Broglie, et surtout, j'ai lu, et relu sa correspondance que je recommande aux jeunes gens, même aux gens entre deux âges.

Deux membres distingués du tiers-parti — qu'on appelait aussi, en manière de plaisanterie, le parti Thiers, — mes compatriotes comtois le marquis de Grammont et le marquis d'Andelarre, furent mes cornacs chez M. Ernest Picard. Tout en se tenant à égale distance des irréconciliables et des irréconciliés, celui-ci recrutait adroitement des alliés à la Chambre et en dehors de la Chambre, accueillait avec bienveillance

---

1. En quittant le salon, à la lueur d'un réverbère, j'inscrivis sur mon carnet — cela m'arrivait souvent, — les réflexions qui s'étaient gravées dans ma mémoire.

les jeunes gens qu'il voulait embrigader dans son parti.
J'avais déjà *il mal di scrittore,* la maladie de l'écri-
toire (comme d'autres ont la maladie de la bâtisse,
il mal di pietra,) et je collaborais un peu à la *Revue
Contemporaine* du vicomte de Calonne. M. Ernest
Picard, qui venait de fonder l'*Electeur libre,* le sut
par un ami commun, et me demanda de travailler
pour son journal : j'y donnai quelques menus articles,
je rédigeai même pour mon directeur deux rapports
sur le régime communal des grandes capitales — ces
questions l'intéressaient vivement. — Je gagnai d'a-
bord à ces petits travaux l'avantage d'être reçu à ses
vendredis, présenté à sa famille, à ses amis, conduit
par lui chez M. Thiers et M. Jules Simon, d'aller très
souvent, en 1869 et 70, aux séances de la Chambre qui
passionnaient la jeunesse. Je me rappelle encore que
mes billets pour les séances excitaient l'envie de mes
camarades de l'Ecole de droit, — je terminais alors
mon doctorat — et que je fis participer plusieurs
d'entre eux à ces bienfaits parlementaires.

On causait surtout politique aux soirées de madame
Ernest Picard, et l'on faisait cercle autour de son
mari : celui-ci ne se montrait pas toujours indulgent
à ses fidèles eux-mêmes, mais l'ironie jaillissait si naturellement, si gaiement, elle avait l'air si bon enfant,
que les égratignés ou griffés eussent été mal venus à
lui garder longtemps rancune. Et puis il bénéficiait de
la réputation de bonté qui s'attache aux gens gras,
réputation nullement usurpée en ce qui le concerne ;
mais son esprit allait trop vite parfois, et son cœur ne
lui mettait pas toujours une muselière.

Peu de temps avant les élections de 1869, il nous
faisait un cours de stratégie politique qu'il émaillait
de charmantes anecdotes sur la gent électorale ; sou-

dain, voyant entrer une vieille barbe de 1848, un austère pontife du radicalisme intransigeant, il s'avance
vers lui, et, souriant : « Nous allons donc, mon cher
ami, nous *retromper* dans le suffrage universel ! »
Ensuite, faisant allusion à la scission qui se produi-
sait dans le parti républicain, Rochefort contre Jules
Favre, Gambetta contre H. Carnot, etc... il conclut
plaisamment : « Un pur trouve toujours un plus pur qui
l'épure. » Ses yeux pleins de douceur et de malice, sa
figure épanouie, sa bonne humeur enjouée, formaient
le plus piquant commentaire de ses improvisations,
qui d'ailleurs, les ministres de l'empire en savaient
quelque chose, emportaient souvent le morceau, plus
sûrement que l'éloquence somptueuse de Jules Favre.
Billault appelait ses flèches : *de la picardise;* elles
allaient droit au but. M. Picard n'était pas seulement,
comme on l'a dit, un tirailleur de l'opposition, un
gavroche sublime, un Paul de Kock de la politique,
et l'on se tromperait grandement en le classant dans
la catégorie des Pigault-Lebrun de la tribune, des
Marquis de Piré ou des Marquis de Boissy : il était
orateur dans toute la force du terme, armé d'une culture générale qui lui permettait d'être à la fois solide
et brillant.

Et cette éloquence originale était efficace : au Palais
de Justice par exemple, il gagnait autant de causes
qu'en perdait Jules Favre ; à la Chambre les tirades
savamment pondérées de celui-ci faisaient long feu,
tandis que les combats d'avant-garde livrés par son
collègue emportaient parfois quelque défense de la
place. Et puis, Jules Favre avait déjà commis en 1848
des fautes lourdes, légères toutefois au prix de celles
de l'avenir, mais qui laissaient une impression de mé-
fiance aux observateurs impartiaux.

Les violents appelèrent Ernest Picard : un Joseph Prudhomme libéral : « Il est si gros, ricana l'un d'eux, qu'on ne lui voit plus les yeux. » Il a toujours été le contraire d'un Joseph Prudhomme, et, quant à ses yeux, on les voyait à merveille, on pourrait presque dire qu'on les entendait, qu'on les sentait. Hélas ! les Joseph Prudhomme du radicalisme, du socialisme, sont innombrables, et ils ont coûté bien cher à notre pays.

L'un de ceux-ci, Charles Floquet, l'auteur du mot au tzar : *Vive la Pologne, Monsieur !* vint chez Ernest Picard quelques jours après le plébiscite de 1870. Et de lancer des lieux communs emphatiques sur le résultat du vote, et de déclarer en style pompeux que les quinze cent mille *non* écrasaient les sept millions de suffrages favorables à l'Empire, que la révolution s'avançait à pas de géants, etc... Il fallait voir la physionomie d'Ernest Picard, pendant que ce pédant patenté célébrait la révolution toute prête à installer ses croyants sur les ruines du régime maudit. On sentait dans ses yeux, sur ses lèvres palpiter une nuée de répliques barbelées, *crebræ acutæ que sententiæ*; mais il ne disait presque rien, trouvant sans doute que c'étaient là de ces affirmations qui se résolvent par un haussement d'épaules ou un sourire. Il finit cependant par répondre à ce Philistin : « Les chiffres sont les chiffres, et ici il ne s'agit pas de peser, mais de compter. Vous me parlez mon cher confrère, des bottes de sept lieues de la Révolution ; mais c'est l'Empire qui les lui a fournies, ce sont les fautes de l'Empire qui nous ont apporté cette belle minorité, et si l'Empire entrait résolument dans la voie du régime représentatif, à peine inauguré par Emile Ollivier, cette minorité courrait grand risque de s'effondrer. »

Quant ce matamore fut parti, Ernest Picard disserta
un bon moment sur ce thème, et finit par nous faire
cette déclaration qu'il renouvela peu après, dans les
bureaux de l'*Electeur Libre* : « J'accepterais volontiers la présidence du Conseil avec la responsabilité
ministérielle et le régime parlementaire. » Rien de plus
logique, et M. Thiers eût fait de même, chacun le sait
aujourd'hui.

Elu député de la Seine en 1857, M. Ernest Picard
forme, avec Emile Ollivier, Jules Favre, Hénon, Da-
rimon, le fameux groupe des *Cinq*. Ministre des Finances le 5 septembre 1870, puis Ministre de l'Intérieur dans le gouvernement de la Défense Nationale,
Ministre plénipotentiaire à Bruxelles en 1871, Sénateur inamovible en 1875, un des chefs du centre gauche au Sénat, il continue la politique de la gauche
ouverte et de l'Union libérale, meurt brusquement,
le 13 mai 1877, à peine âgé de cinquante-six ans, em-
porté par une crise de goutte. Il avait été aussi président de la Conférence Molé et actionnaire du *Siècle*.
Dans un portrait moitié figue et moitié verjus, qui
date de 1869, un écrivain anonyme définit en ces termes son talent :

« Il était parmi les Cinq, le troisième par le talent,
mais le premier par l'à propos, la vivacité, la souplesse, — et le succès. Il avait comme une manière
d'originalité railleuse et processive, avec laquelle on
comptait ; il s'imposait à force de malice, comme un
enfant insupportable, mais gâté. Son opposition avait
comme sa tournure, l'air bon garçon. Amer sans
âpreté, hostile sans colère, riant plus haut que les autres de ses perpétuelles déconvenues, il recommençait
le lendemain avec la même verve accueillie par les
mêmes sympathies ; et, tandis que Emile Ollivier et

Jules Favre s'évertuaient en pure perte, il arrivait, lui, sans pose et sans phrase, naturellement et gaillardement, à faire rire. »

Il faisait rire, oui, mais il faisait aussi pleurer et s'indigner.

Les discours parlementaires de M. Ernest Picard ont été publiés ; je regrette qu'on n'y ait pas joint un *Picardiana*, une espèce d'anthologie de ses mots et de ses meilleurs couplets politiques : j'en avais recueilli quelques-uns, mais il aurait fallu un volume pour donner une sensation de ce causeur, si clair et si attique tout ensemble, qui a lancé tant de feux d'artifice.

Un de ses collègues parlait longuement, ennuyeusement, sur un sujet sentimental ; il n'en finissait pas ; Ernest Picard s'empare d'un journal, s'évente de façon ostensible, et remarque assez haut : « On étouffe ici... de vertu. » Et le mot, colporté de banc en banc, soulève une hilarité générale sous laquelle l'orateur s'effondre.

Apprenant la nomination de Walevski comme président du Corps Législatif, à la place de Morny ! Ernest Picard observe : « *Chassez le Naturel, il revient au galop !* »

Et son compliment à double entente, après un discours retentissant de Gambetta : « Vous êtes notre *Camée, Léon !* »

L'autre jour, conte X. Doudan, M. Ernest Picard répondit à un de ses collègues de la droite qui remarquait : « La session va marcher vite maintenant. — *Je crois bien, vous êtes déjà ventre à terre.* » Il ne tarit pas en bons mots hardis, et il ferait mieux encore si on lui laissait la parole. »

A propos des spéculations financières qui se dissimulaient derrière l'expédition du Mexique : « On vous a comparé à un père de famille trop aimable et trop facile. Hélas ! En entendant cette comparaison, je me disais à moi-même qu'elle n'était pas tout-à-fait juste, et que ce n'était pas à un père, mais à un fils de famille qui a besoin de contrôle, qu'il fallait vous comparer. »

On lui disait : « Voyons, vous iriez bien dîner chez le duc d'Aumale ? — Moi, républicain, dîner chez le duc d'Aumale ! jamais de la vie ! — Cependant, mon cher... — Dîner, non, non... mais déjeuner, très volontiers. »

En 1872, un émule de Calino et de la Palisse déclare devant Picard que, pour fonder la République, il faudrait une majorité de républicains ; un autre député, rectifiant cette proposition naïve : « Si nous étions seulement deux cents ! — Ah ! messieurs, s'écrie Picard qui songeait aux batailles contre l'Empire, si seulement nous étions *Cinq !* »

En 1876, M. Ernest Picard avait fort maltraité à la tribune M. Galloni d'Istria qui, du coup, faillit être invalidé. Tous deux se rencontrent dans un couloir où leurs gros ventres se barrent le passage. Temps d'arrêt. « Vous m'en voulez beaucoup, Galloni, sourit Picard. Faisons la paix, en nous embrassant... si nous le pouvons. » Galloni refusa.

J'admire sincèrement qu'un tel esprit ait été très souvent au service de la modération et de la clairvoyance, de la raison, et d'une parfaite intégrité morale. D'autres ont eu autant de verve et d'éclat, rares apparaissent ceux qui joignent aux qualités brillantes les vertus essentielles. Si M. Ernest Picard n'a pas fait figure d'homme d'État, je suis tenté de croire qu'il eût pu le devenir, et qu'il est mort avant l'âge où il aurait donné toute sa mesure.

CHAPITRE II

IMPRESSIONS D'UN ÉTUDIANT PARISIEN
EN 1869-1870

Je n'aimais pas la politique étrangère du Second Empire : elle me paraissait différer d'une politique de raison, autant qu'un risque-tout au trente et quarante et à la roulette, diffère d'un savant joueur d'échecs ou de bridge. Bien jeune encore, je croyais fermement que la politique de l'équilibre européen avait fait ses preuves pour nous, tandis que celle des nationalités faisait ou ferait ses preuves contre nous : je crois même que, dans une parlotte d'avocats stagiaires, j'avais *délivré un speech* en faveur de mon opinion. Aussi admirais-je sans réserve les discours de M. Thiers ; c'était là peut-être un commencement d'état d'esprit orléaniste, mais c'était surtout un état d'esprit français, patriotique, et l'épithète de chauvin, que me décernaient les jeunes pacifistes d'alors, ne me déplaisait nullement. Les événements déroulés depuis cinquante ans ne renferment-ils pas une formidable démonstration par l'absurde, par le tragique, de la sagesse de l'ancienne politique ?

D'autre part, dans la jeunesse des écoles, dans les milieux universitaires, la majorité arborait avec passion le drapeau républicain : députés et meneurs caressaient nos jeunes espérances d'un prochain gouvernement fondé sur la liberté, le droit, la probité, nous représentaient les anciennes républiques de la Grèce et de Rome, fardées de tous les prestiges de la légende, les vertus magnifiées, les défauts et les vices passés sous silence. Mêmes apothéoses pour les hommes et les choses de la Révolution française : il fallait déjà admirer en bloc, et l'on ne permettait point la critique de détail. Les imaginations, même modérées, devenaient républicaines dans cette atmosphère d'enthousiasme ; nos enjôleurs décernaient des brevets de grands hommes à des personnages en baudruche, que devait dégonfler la moindre piqûre, et en même temps, ils décrétaient incurablement médiocres, vilipendaient les gens en place. Au fond, les demi-talents ou les talents lilliputiens abondaient dans les deux camps. Quand je songe à cette griserie qui enivra tant de cerveaux adolescents pendant les dernières années de l'Empire, je vois devant moi la pièce de Shakespeare où Titania, sur l'ordre d'un puissant génie, tombe éperdument éprise d'un sot qui a une tête d'âne.

Voilà, pour les jeunes gens sincères et d'un naturel peu passionné, une première cause d'écartèlement moral et d'hésitation. Il y en avait d'autres. L'Empire durait depuis dix sept-ans ; il avait à son actif la guerre de Crimée, la guerre d'Italie, il donnait au peuple français, vaille que vaille, l'ordre qui est le premier besoin, la première nécessité, tandis que la liberté, aux yeux de l'immense majorité, n'est qu'un accessoire, un condiment fort joli, quelque chose comme l'entremets, le dessert dans un dîner. L'ordre entraîne avec lui la

paix intérieure qui développe le sens des affaires, multiplie la richesse, et par celle-ci les arts de luxe, la
douceur de vivre, l'indulgence réciproque, une moralité relative, le bonheur général et privé. Un écrivain
n'a-t-il pas défini le bonheur : le plaisir fixé, et le goût :
l'art des plaisirs fins ? Et puis, il y a tant d'espèces de
liberté, que les coupeurs de cheveux en quatre peuvent
seuls les distinguer, que le vulgaire, de peur d'être
dupe, est souvent tenté de les mettre toutes dans le
même panier, dans une poubelle. Même aujourd'hui,
après tant et de si sévères leçons, je vois beaucoup
plus de citoyens pencher du côté de l'ordre appuyé sur
l'égalité, que du côté de la liberté avec tout son cortège parlementaire et journalistique. Que de gens aiment dans la liberté l'anarchie ! Que de gens se piquent
d'adorer toutes les libertés, sauf une, celle qui est
chère à leurs adversaires ! Que de gens voient dans la
liberté surtout le droit de s'occuper des affaires des
autres !

Disons tout : l'avènement du ministère Ollivier, les
débuts de l'Empire libéral, le ralliement de beaucoup de membres des anciens partis, d'hommes tels
MM. Buffet, Daru, Weiss, Prévost-Paradol, Emile de
Girardin, le succès du plébiscite, la fermentation des
espérances, des progrès entrevus, des réformes promises
et commencées, toutes ces évolutions des êtres et des
choses, diminuaient les chances des irréconciliables, en
attirant les esprits neufs, vierges de préjugés ou de
principes absolus, en faisant luire à leurs yeux le mirage flatteur des ambitions légitimes unies au désir
naturel de servir loyalement la France avec un gouvernement blanchi, repeint à neuf, radoubé et renfloué.
Beaucoup de penseurs en venaient à adopter cette doctrine de l'indifférence vis-à-vis des formes de Gouver

nement, qui constitue le credo inconscient des neuf
dixièmes des électeurs, d'après lesquels on meurt de
politique et on ne vit que d'affaires : beaucoup étaient
encore des enfants lorsqu'avait été consommée l'*opération de gendarmerie un peu brutale* du 2 décembre ;
ils n'en avaient pas souffert directement, et l'on sait
avec quelle placidité les générations nouvelles accueil-
lent les doléances des générations précédentes. Ne
sont-elles pas portées à croire qu'il ne faut conserver
que les rancunes utiles, que les petites passions des
pères cachent d'âpres intérêts déguisés par de grands
mots : *sesquipedalia verba* ?

J'essaie de démêler mes sentiments de 1868 à 1870,
et je crois qu'ils étaient ceux de beaucoup de mes camarades. Henri Heine, qui fut toujours un de mes
auteurs de prédilection, parle quelque part d'un banquier qui, dans les premiers temps de la Monarchie
de Juillet, raisonnait à peu près ainsi : Quand je tâte ma
poche gauche qui est vide, je me sens tout républicain,
et siffle joyeusement la *Marseillaise* ; quand je palpe
ma poche droite qui est pleine de louis et de billets de
banque, je réfléchis aux conséquences des révolutions,
redeviens aussitôt juste-milieu, et crie avec enthousiasme : Vive Louis-Philippe ! Je paraphrasais à mon
usage la profession de foi de Chateaubriand : républicain de cœur et royaliste par raison. Je me déclarais
républicain de sentiment, thiériste par raison. Camille
Pelletan, déjà féru de politique radicale, se moquait
de mes scrupules, me traitait de ganache, et, comme
il pétillait d'esprit, d'érudition, comme il avait le goût
de l'activité dans tous les sens, joint à une curiosité
universelle, hasardeuse, — au besoin indiscrète, — je
subissais parfois le charme capiteux de cette espèce
de *Neveu de Rameau*, — il admirait éperdument Di-

derot. — Il m'entraînait parfois dans certains cafés du Quartier Latin et de la rive droite, où son âme de bohême talentueux rencontrait des âmes bien plus bohêmes que la sienne; il croyait ainsi me convertir à la pure doctrine jacobine. J'y connus Cabaner, le pauvre Cabaner, Villiers de l'Isle-Adam, Glatigny, Albert Mérat, Valade, Paul Verlaine; celui-ci m'étonnait, pas dans le bon sens, et le souvenir de ses excentricités de tout genre a sans doute contribué à amortir mon admiration pour le poète. Le bourgeois, assez aristocrate, qui est en moi, ne peut supporter de telles contorsions de paroles et de conduite dans l'homme privé. Plus tard, Anatole France, Jules Lemaître, Madame Gabrielle Delzant, me répétèrent à satiété que Lélian était grand poète, qu'il fallait dresser une cloison étanche entre l'aède et le particulier : « Vous avez raison, leur disais-je, je *sais* qu'il est grand poète, mais je ne le *sens* pas, et sa vie lamentable me gâte son talent ». Les perpétuelles pirouettes amorales de Verlaine m'estomaquaient donc, et j'eus toutes les peines du monde à m'empêcher de lui dire son fait, un jour que, dans le cénacle des jeunes Parnassiens où j'étais admis comme auditeur, il lut un dithyrambe en l'honneur de Marat, commençant par ce vers :

Jean-Paul Marat, tribun du peuple, était très doux.

Au physique, Verlaine dépassait en vérité les limites de la laideur permise; Catulle Mendès, qui était au contraire très beau, lui trouvait la physionomie d'un gorille.

Et donc, dans ces beuglants du Quartier Latin, j'ai entendu aussi Raoul Rigault, Ferré, Vésinier, Jules Vallès et autres, vociférer contre l'Empire, la bour-

geoisie, la propriété, prophétiser l'avènement de la
Sociale, déclarer avec dédain que les grands ancêtres
de 1793 étaient des enfants qui avaient à peine su
bégayer les premières lettres du décalogue anarchiste :
on sait quels échantillons de leur savoir-faire ils ont
fournis en 1871. Je les écoutais avec un étonnement
mêlé de dégoût, Pelletan se donnait la peine de réfuter leurs divagations, et, bien entendu les convictions
de chacun s'exacerbaient au feu de la bataille. Quand
mon cornac me voyait exaspéré contre ces fous furieux, il philosophait avec insouciance : « Bah ! Ce
sont des fanatiques, chaque parti a les siens, et il
faut de ces enragés là pour déclencher le progrès. —
Ou pour le retarder, observais-je. — Et puis, reprenait il, ils veulent épater la galerie ; ce sont des po-
seurs, dans le genre de Baudelaire quand il demande
à son voisin de café s'il a jamais mangé un enfant de
trois mois, cuit et préparé comme un cochon de lait :
car, souligne-t-il, c'est un mets de tout premier ordre.
Crois-tu encore que Baudelaire soit sincère, quand
il veut que les prairies soient teintes en rouge, les
rivières jaunes d'or et les arbres en bleu ? » Où finit
pour lui la vérité, où commence le mensonge ? Voyons,
voyons ! Renan n'a-t-il pas écrit que la blague est
peut-être la fleur du doute cartésien ? Ces gars-là, ce
sont les blagueurs, les fumistes de la Sociale ; tu ver-
ras, grand naïf, ils deviendront des bourgeois réac-
tionnaires. — Ta, ta, ta, reprenais-je, tu nous la bail-
les belle, je ne suis nullement convaincu, et la caution
de Camille ne vaut pas un clou en pareil cas ; comme
chartiste, comme lettré, je te vénère ; comme prophète
politique, je te tarife au-dessous d'un scarabée. » Un
autre soir, je l'interrogeai sur sa toilette, moins négligée que de coutume. « Je vais chez la mère Miche-

Miche — c'est ainsi qu'il appelait Michelet, n'ayant ni de près ni de loin la bosse du respect verbal, même pour ses idoles réelles. Figure-toi qu'il a l'horreur de l'habit religieux poussé jusqu'à la *phobie?* — Comme jadis Villemain eut la terreur des Jésuites, pendant sa crise de folie partielle? — C'est cela même; et là-dessus il dit des bêtises énormes qui te feraient pâmer, sale réactionnaire! — On est toujours le réactionnaire et le radical de quelqu'un. — Oui, sans doute; où en suis-je? Ah! la mère Miche! Eh bien, mon vieux, l'autre semaine, il nous a fait un fameux éloge du XVIII° siècle; tu aurais bu du lait, si tu avais été là. A propos, je demanderai à mon père de t'amener chez lui; entre autres choses piquantes, il a dit : « Sans ce siècle, beaucoup d'entre nous seraient persécutés, et, ce qui est bien plus affreux, quelques-uns seraient persécuteurs. » Admis au foyer patriarcal d'Eugène Pelletan, j'ai connu de près les existences très nobles, très simples de cette famille : son chef était un républicain de l'école Lamartine, un irréconciliable, assez modéré au fond, infiniment plus modéré que le fils en tout cas, avec une pointe d'utopie cependant, talent un peu nuageux rehaussé par une grande élévation de caractère et un rare désintéressement.

Un soir donc, Eugène Pelletan me conduisit chez Michelet; et, par avance, j'éprouvais une émotion presque religieuse, qui ne diminua point après la visite. J'étais si troublé, que je pus à peine remercier notre hôte de son accueil, mais mon cicerone voulut bien me rassurer quand nous partîmes, et m'affirmer que mon attitude n'avait pas été prise en mauvaise part. J'avais cependant préparé un compliment, pas trop mal tourné, je crois; je n'en pus placer un mot. C'était bien la peine de tant admirer l'auteur de cette

Histoire de France, dont les six premiers volumes me passionnaient, celui qui faisait vivre les chiffres eux-mêmes, et qui, à propos d'un compliment de M. Pelletan, répondit : « Il faut dater finement. » Je comprenais mieux, dans cette rapide initiation, l'espèce d'ensorcellement qu'éprouvaient ses jeunes auditeurs et lecteurs, que seuls, parmi ses contemporains, causèrent Lamartine, Hugo, Musset, Lacordaire. Il était l'historien de la jeunesse, comme Lamartine, Hugo, Musset, en furent les poètes, et Lacordaire le prédicateur : et peu lui importait, à cette jeunesse, que cette histoire fût poétisée, romancée, accommodée aux goûts, aux préjugés de notre siècle ; au contraire elle lui plaisait ainsi, parce qu'elle était toute de passion, de flamme, de rêves inassouvis, d'espérances toujours frémissantes. Nous ne considérions pas l'histoire comme une science, mais comme un art. Certains sceptiques ne l'appellent-ils pas : une conspiration contre la vérité ?

Eugène Pelletan complimenta Michelet sur sa jeunesse d'allures et sa puissance vitale : un éloge qui charmait bien plus son objet, que les plus poétiques hyperboles en l'honneur de son génie; sa seconde femme avait trente ans de moins que lui, et il tenait à faire oublier l'écart. Il me prit par la main, me conduisit à son cabinet de travail, et, nous montrant l'encrier, il dit, d'une voix qui accentuait sa conviction. « Voilà ma *Fontaine de Jouvence !* » Quel mot admirable, et quelle devise pour les écrivains !

Pour dépeindre cette ardente aspiration de l'être qui fit dire au poète :

L'homme est un dieu tombé qui se souvient des cieux,

il rappelait volontiers l'historiette du ballon qui, au

Luxembourg, s'échappe des mains de l'enfant et s'élève dans les airs : « Tout le monde regardait ce petit ballon qui montait, montait. Et je me disais : « Si les regards de la foule suivent cette bulle d'air dans l'azur, c'est que la foule a besoin d'infini, soif d'au-delà, et que ce ballon est comme la matérialisation même de ses rêves d'idéal. »

Madame Michelet ayant un instant quitté la compagnie, son mari saisit cette occasion de célébrer celle qu'il nommait : *sa seconde âme*, et termina un éloge presque extatique par cette réflexion qui le révélait sensible aussi aux soins matériels : « Dieu m'a fait cette grâce que mes deux femmes aient parfaitement su faire le pot-au-feu. » Ce grand idéaliste avait donc des parties du bonhomme Chrysale. Mais, un instant après, dans une superbe envolée poétique, il déclara que la littérature doit être le beau luxe de la vie, puisque la doctrine du bloc, fausse en politique, ne l'était pas moins en littérature.

Faut-il l'avouer, insensiblement mon enthousiasme pour Michelet historien est à peu près tombé, et j'ai fini par ne plus voir en lui qu'un grand poète en prose, un dupeur d'âmes et d'oreilles. Et puis les travers de l'homme privé n'ont pas laissé de me refroidir : il y a bien des Michelets dans Michelet, remarquait un critique avisé, ancien secrétaire de Sainte-Beuve, grand ami des enfants de l'écrivain, Jules Levallois. Ce dernier, beaucoup plus tard, lut à madame Charles Hayem, qui me l'a communiquée, une page assez piquante ; elle éclaire un Michelet peu connu, mondain malgré lui... : « Je vois encore les Goncourt chez Michelet, à une soirée costumée où se trouvaient M. et madame Renan, Flaubert, Dupont-White, Georges Pouchet, M. et madame Émile Deschanel,

Eugène Pelletan et l'une de ses filles en paysanne d'Alvito. On dansa, et madame Renan, vêtue tout en blanc, avait pour vis-à-vis le bon géant Flaubert, peu agile et peu gracieux dans ses mouvements. Ce qui me frappa le plus, ce fut la contenance de Michelet : toujours au lit vers neuf heures, il errait mélancoliquement de pièce en pièce, se demandant ce que faisaient chez lui tant d'illustres pierrots, et pourquoi il était condamné à se coucher si tard. »

Mon ami Charles Ferry tenait d'Etienne Arago une plaisante anecdote au sujet de Jules Vallès. Pendant la Commune, celui-ci arrive à la mairie de Paris, escorté des chefs de bataillon de son quartier, et parlant en leur nom ; il vient mettre en demeure Etienne Arago de remplacer séance tenante, le maire de Belleville, Richard, par un favori de la bande. Etienne Arago refuse carrément et déduit ses motifs. Alors, le bras tendu, la parole tremblante de colère et de menace. prenant l'attitude de Frédérick Lemaître dans un mélodrame, Vallès fait mine de se retirer, et comme une imprécation lance ces mots : Citoyen, la nuit porte conseil ! » Vallès attend que ses amis aient défilé, revient, se penche à l'oreille d'Arago, et, du ton le plus amical : « Dis donc, tu sais que tu ne m'as toujours pas donné mon bon de bottes. Tu n'imagines pas que je vais les payer ? Tâche un peu d'y penser, n'est-ce pas, mon petit maire ! » Il sort, mais, sur le pas de la porte, se retourne, et, avec le même geste comminatoire, la même voix sépulcrale : « Citoyen, la nuit porte conseil ! »

Ce qui m'agaçait encore dans les petits couvents terroristes, c'est que plusieurs de leurs coryphées vous traitaient de *Citoyen*, et vous tutoyaient à première vue : j'avais toujours envie de leur rappeler le mot

d'un républicain modéré : Appelons-nous messieurs,
et soyons *Citoyens* ! Je me rappelle le bohême Penou-
ton, très beau garçon ma foi, qui, de prime abord, me
posa cette question : « Qu'est-ce qu'ils vendent, tes
parents ? » et comme je restais interloqué, il continua
philosophiquement : « Si tu es un bon garçon, paie-
nous un punch ; rien de tel pour entrer en amitié. » Et
je me suis demandé parfois ce qu'était devenu cet
éphèbe familier, qui se comportait comme certain
personnage de Gil Blas. La mémoire s'accroche ainsi
à des faits minuscules, tandis que des événements
majeurs laissent à peine une impression de nuage ou
de fantôme.

Voici un souvenir qui se rattache à une journée
presque historique, celle où eut lieu l'enterrement de
Victor Noir. Je me promenais le long de la Seine, quai
Malaquais, avec Gustave Menneson, alors secrétaire
de Bétolaud, qui a tenu par la suite tout ce qu'il
promettait déjà. Passe un ouvrier qui fredonnait la
Marseillaise ; son œil, son attitude, ses gestes, tout
laissait deviner qu'il avait manifesté ; d'ailleurs
l'homme n'aurait pas quitté l'atelier en semaine sans
un sérieux motif. — Ah ! remarque Menneson, c'est
un *sublime* qui revient de l'enterrement, parlons lui.
— Nous l'abordons, la conversation s'engage, l'homme
raconte la pathétique promenade, cent mille citoyens
massés derrière Rochefort, autour de lui, décidés à
jouer le tout pour le tout, attendant de leur leader le
signal de la bataille. « Nous nous serions fait tuer
jusqu'au dernier, je vous jure ! » Et sa figure convul-
sée, sa voix frémissante, traduisaient la rage portée au
paroxysme. — Mais, objections-nous, le gouvernement était prêt, il avait des troupes, des canons, l'in-
surrection aurait été noyée dans des flots de sang, et

le lendemain la France eût acclamé les défenseurs de l'ordre. — Encore nous gardions-nous de rappeler à l'énergumène les paroles d'Emile Ollivier : « Nous sommes la loi, nous sommes le droit, et, demain, si vous nous y contraignez, nous serons la force. » Ça ne fait rien, reprenait-il; le sang des martyrs républicains fait lever des moissons de héros; — il avait un peu de lecture — et puis c'est Paris qui tôt ou tard fait les révolutions, et le pays... — Les paie, les répare par sa sagesse, » interrompit Menneson qui aimait la République aussi, mais pas celle de notre interlocuteur. Ce mot mit le feu aux poudres : il nous traita de bourgeois, dégoisa une espèce d'homélie violente où les théories de Robespierre, Blanqui, Karl Marx, s'embrouillaient dans une cacophonie chaotique, et finit par nous prédire que bientôt sonnerait l'*heure du grand soir*, une heure où ses frères et lui sauraient défendre la liberté socialiste par la terreur. — Ce sera alors la vraie République, affirma-t-il; tous les patrons, tous les bourgeois, monarchistes ou républicains, seront supprimés, plus de fonctionnaires. — Cependant, demandai-je, il y aura un président de la République? — Oui, mais nommé au suffrage universel. — Et si le suffrage universel choisit un réactionnaire, comme il l'a fait le 10 décembre 1848? — Paris représente le droit insurrectionnel de la nation; il annulera l'élection, et il y aura dans chaque département de bons bougres chargés de faire comprendre aux citoyens leurs devoirs. — Nous entendons bien; et si le suffrage universel nomme un ignorant, ou, ce qui serait pire, un demi ignorant? — Tant mieux.

— Alors, reprit railleusement Menneson, si l'on vous nommait président? — Pourquoi pas? fit-il en se redressant avec un mouvement qui nous eût paru comi-

que, s'il n'eût été tragiquement représentatif de la
mentalité de tant d'inconscients. A leurs yeux la politique, la diplomatie, l'administration, la justice, sont
les seuls métiers qu'on n'apprend pas, que le premier
venu peut pratiquer ; il y a pour ceux-là des grâces
d'état, une espèce de droit divin révolutionnaire ; tel
ce gentilhomme de l'ancien régime à qui l'on demandait de jouer du clavecin : « Je n'ai jamais appris,
mais je vais essayer, affirmait-il sans hésiter. » Le
droit divin révolutionnaire a de ces immodesties
naïves.

Cabaner opérait dans les boui-bouis du Quartier
Latin ; il accompagnait au piano de vagues chanteuses
légères, plus légères que chanteuses : c'était là son
modeste gagne-pain. Ce travail fini, il revenait prendre place à côté des camarades moins dédorés, qui lui
payaient un bock, parfois une choucroute garnie. Et
c'était une surenchère d'énormes insanités, brocards,
paradoxes, chansons, où toutes les règles du bon sens
et de la vraisemblance se voyaient outrageusement
bafouées, dans une sorte de chahut moral qui rappelait les contorsions épileptiques des danseurs paten-
tés de Bullier. Là aussi Camille Pelletan tenait le
record ; on disait couramment : le gueuloir de Pelletan, le hurloir de Jules Vallès, le glapissoir de Raoul
Rigault. Avec sa laideur spirituelle et sa grande barbe
inculte, Pelletan avait vraiment un air diabolique,
quand il entonnait le *Rhinocéros en mal d'Enfant*,
ou l'*Enterrement* (anticipé) *de Cabaner* qui riait aux
éclats de se voir apothéosé de manière ultra-bouf-
fonne. Ce dernier fit un soir rire toute la compagnie,
quand, du ton le plus tranquille, il lâcha cette calem-
bredaine : « Mon père était un homme dans le genre
de Napoléon Ier, mais tout de même beaucoup moins

bête. » Pelletan donna le signal des bravos ; comme il avait le matin même touché son mois au *Rappel*, il nous offrit un vin chaud fort épicé, et commanda une aile de poulet pour Cabaner qui ne se fit pas prier. — Je dois dire que, quelque trente ans plus tard, dans le salon de madame Armande Caillavet, j'entendis Pierre Laffite, alors chef de l'école positiviste d'Auguste Comte, répéter à plusieurs reprises cette définition dédaigneuse de Napoléon : le Jobard de Sainte-Hélène. Pierre Laffitte ne l'appelait jamais autrement ; les beaux esprits se rencontrent.

Le groupe ou la société des Parnassiens se réunissait à des dates indéterminées, en général dans un atelier d'artiste ; ni président, ni secrétaire, ni trésorier ; les convocations se faisaient à la bonne franquette, verbalement, de camarade à camarade. *On se réunira tel jour chez un tel ;* le mot d'ordre circulait de proche en proche ; il y avait là des peintres, des sculpteurs, des poètes, même des prosateurs : par exemple Jules Soury, qui plus tard fut professeur au collège de France, et publia des volumes finement écrits sur le xviiie siècle. Je n'y ai jamais aperçu Sully-Prudhomme, Leconte de Lisle, François Coppée, mais, parmi les membres actifs, je me rappelle Charles de Sivry, Pelletan, Albert Mérat, Léon Valade, Pugno, Villiers de l'Isle Adam, Jean Aicard, Léon Dierx, Paul Verlaine, de Ricard, Jules Cros, Glatigny. On causait, on blaguait les grands hommes officiels, on inventait des grands hommes de coterie, aussi éphémères que les premiers, on discutait éperdument sur les arts et les lettres, on se montrait implacable pour les mécréans de la rime riche, et la consonne d'appui était le b a ba du métier. C'est là que pour la première fois j'ai entendu appeler Alfred de Musset : un prosateur très

spirituel, et Lamartine n'était guère mieux traité ; sa
lyre, disait-on, est devenu une tire-lire — (il avait
adressé des appels d'argent au public, et accepté la
souscription de César). On ne jurait dans ce conventi-
cule que par Victor Hugo, surnommé *le Vieux* entre
initiés, par Banville, Catulle Mendès ; et, pour la pein-
ture, Courbet, Manet, avaient des admirateurs intran-
sigeants. Cependant on se promettait d'aller applaudir
à l'Odéon *le Passant* de Coppée, qui était un bon camarade, aimé de tous, mais marquait déjà, selon les puris-
tes, quelque attirance vers les faux dieux. Il y avait
encore des lectures poétiques, et nous nous regardâ-
mes avec un sourire, lorsqu'un débutant lut un morceau
sur les chrétiens martyrs au temps de Néron ; il les
nommait les *Stoïques Velus*. Et puis des assauts de
rimes milliardaires ; m'étant, contre mon habitude,
lancé dans l'arène, j'eus un soir mon petit succès
pour avoir proposé aux suffrages de l'Assemblée un
quatrain et un distique : les voici :

> Robinson Crusoé
> S'il avait cru Zoé
> Il eût accru Zoé
> D'un petit Crusoé

> Dans le bal les sens se débauchent
> C'est là que les Cornards s'ébauchent.

Villiers de l'Isle Adam avait du talent, encore plus
de prétentions que de talent ; il se croyait toujours
candidat à un trône balkanique, et énumérait ses titres
à la succession du dernier grand maître de l'ordre de
Malte. De l'esprit, mais un esprit tarabiscoté, apprêté,
si apprêté, qu'on découvrit un jour que ses improvisations étaient consignées d'avance sur un petit cahier ;

mon Dieu, Rivarol, un des grands causeurs du xviiie siècle, en faisait à peu près autant.

Albert Mérat, dit *le Cigare dédaigneux*, gardait
un silence morose, d'où il ne sortait guère que pour
débiner ses confrères d'un ton tranchant qui n'admettait pas de réplique. Quelques-uns cependant, le père
Hugo, Catulle Mendès, Sully-Prudhomme, Leconte
de Lisle, Banville, trouvaient grâce devant lui et Léon
Valade, son inséparable, son Euryale ; du moins ce
dernier critiquait-il avec une verve non dépourvue de
bonne grâce. Tous deux d'ailleurs poètes, plus habiles
dans l'art de la forme irréprochable que dans celui
des idées originales, tous deux rédacteurs à l'Hôtel de
Ville, et affectant des allures assez mystérieuses.
Pelletan disait que, tel Saint-Just, Mérat portait
la tête comme un Saint-Sacrement, et qu'il cultivait
jalousement le talent de déplaire, où il était passé
maître. J'ai appris qu'il avait fini par le suicide ; de
fait, sa figure suintait l'ennui, un ennui inexorable :
s'ennuyer d'ailleurs, c'est s'accuser.

Albert Glatigny, bohème à la quatrième puissance,
ne manquait certes pas de dons poétiques, ses volumes
l'ont prouvé. Un peu moins de facultés *rimantes*, un
peu plus de conduite, aurait-on pu lui souhaiter ; mais
les fées n'avaient pas mis dans son berceau le savoir-
faire. Il estimait, lui aussi, que l'argent des sots est le
patrimoine des gens d'esprit, et tapait avec une can-
deur intrépide ses contemporains, tout en répétant,
pour se convaincre lui-même de sa bonne foi ; « au
dessus d'un louis, je rends les prêts, même à mes amis. »
Une de ses incarnations bizarres fut celle qui consistait à s'improviser fabricant de sonnets à la minute
dans les cafés-concerts. Il demandait au public quatorze rimes, inscrivait sur un grand carnet celles qu'on

lui avait lancées, et presque en même temps que la
dernière, le sonnet se trouvait ficelé, il le lisait dare-
dare à l'honorable société, et c'était, ma foi, tout à
fait *épatant*.

Une facilité presque pareille brillait chez un certain
Janssoulet, pauvre diable de méridional qui n'a pas
réussi à conquérir la Gaule, bien qu'il ne manquât
point de verve. Je l'avais un soir invité avec des amis
de mes parents, les Boucaud, le docteur et madame
Emond : après le dîner, il demanda qu'on lui indiquât
des rimes, et, en moins de vingt minutes, il fagota
deux sonnets fort décents pour ces dames qui s'amusèrent beaucoup, étant les bénéficiaires de cette acro-
batie littéraire, plus facile à plaisanter qu'à imiter, en
somme. Cet aède n'était pas modeste, ce fut son
moindre défaut : il avait avec un gentleman plus ar-
genté que lui, organisé une société de conférences
historico-sociales ; la première était faite par le bail-
leur de fonds ; j'y assistai, c'était distingué et ennuyeux. Janssoulet vint à moi après le palabre, et me
dit : « Eh bien, comment trouvez-vous ce discours
d'ouverture ? » Et, sans attendre la réponse, il continua, se rengorgeant : « Quand viendra mon tour, ce
sera bien autre chose ; j'aurai un sujet pittoresque,
des mouvements oratoires, des pensées rares, des
mots pour rire... — Mais, ne pus-je m'empêcher
d'observer, si vous vous adressez à vous-même tous
ces compliments, il ne nous restera plus rien à vous
dire. » Cela se passait en 1870 : je ne revis plus l'émule
de Glatigny, et l'on m'a dit plus tard qu'il s'était
fourvoyé dans la Commune de 1871.

J'allais donc un peu dans les cafés *éloquents* ou
utopistes, je fréquentais beaucoup dans les cabinets de
lecture, entre autres celui de la rue Soufflot. Quels

bons souvenirs il m'a laissés ! Que d'après-midi, de soirées passées dans ce capharnaüm livresque, en compagnie d'une foule d'étudiants en droit et en médecine, de quelques vieux abonnés aussi, sous l'œil bienveillant de mademoiselle Grassot, dont la laideur plus que légendaire enveloppait fâcheusement un excellent cœur ! C'est là que j'ai vu Julien Rimasson qui me fut un ami délicieux, un être de rêve, tombant dans l'idéal comme d'autres tombent dans la plus plate réalité ; — là que j'ai connu Bidault de l'Isle, Charles Lullier, bien des camarades qui ont traversé ma jeunesse, se sont dispersés sur des routes diverses, et que je n'ai plus retrouvés sur mon chemin. Je sais à peine leurs noms, les journaux n'ont point parlé d'eux, ou je n'ai pas lu les articles qui les concernaient ; et je me suis demandé souvent ce qu'ils étaient devenus, si Sa Majesté le Hasard leur avait souri, s'ils avaient su capter ou violer ses faveurs, s'ils avaient été heureux *dans un petit coin, avec un petit livre (in angello cum libello)*, occupant une position modeste, mais sûre, ou bien une position brillante, mais instable. A ceux qui m'ont oublié, à ceux qui se rappellent encore mon nom, à ceux que je n'ai fait qu'entrevoir, à ceux avec qui je causais à la Faculté de droit, au Luxembourg, quelquefois même à Bullier, à ceux qui sont vivants, à ceux qui sont morts, je dédie ces lignes, en remerciement des heures printanières du passé, des journées pleines d'espérances et d'illusions, des temps charmants où l'on se partageait à l'avance le monde par décret nominatif ou collectif de la chimère, où rien ne semblait impossible, où l'on ne s'était pas encore ensanglanté après les ronces et les cailloux de la route, où l'on n'avait pas été humilié par la vie.

Et donc, comme je lisais un soir, pour me délasser des aridités du Digeste et du code de Procédure, une comédie de Victorien Sardou, mon voisin qui, depuis quelque temps, s'amusait de mes rires d'approbation, me demanda tout à trac quel était ce livre si plaisant. Je répondis, la conversation s'engagea à voix basse, et nous la continuâmes autour du Luxembourg; puis mon interlocuteur me ramena *at home*. C'était Charles Lullier, ancien lieutenant de vaisseau, tête volcanique, auteur d'un ouvrage militaire où il établissait d'avance les points stratégiques et tactiques de la défense ou de l'attaque de Paris contre le Gouvernement, assez instruit, manquant totalement de balancier moral. Je le revis souvent, il dîna chez mes parents, et je dois confesser qu'il leur fit l'effet d'un triple toqué, tandis que le personnage me séduisait assez par les récits de ses campagnes sur mer, où notamment, à l'imitation des nègres, il s'était battu avec un requin, armé, habillé d'un seul couteau, et avait triomphé. Exagérait-il un peu? Je ne crois pas; toute sa personne portait le cachet de la plus extrême bravoure unie à l'absence complète de mesure. Il en donna une preuve assez singulière en allant souffleter Paul de Cassagnac, sous prétexte que celui-ci avait insulté Jules Favre de la manière la plus violente : « Jules Favre c'est mon père! » clamait Lullier, pour donner une couleur à cette absurde provocation. Paul de Cassagnac refusa de se battre *avec ce fou*. Quelque temps après, voici mon Lullier en prison pour quelque autre insanité, et en même temps candidat à Brest contre le comte de Kératry. J'eus la mauvaise inspiration de lui écrire un billet de condoléance, et reçus une lettre où il affirmait sa certitude d'être élu; mais il y avait un trou à boucher, une voix d'eau s'était produite ; bref il me demandait de lui avancer quinze louis, que mes parents, assez ennuyés de la requête, me baillèrent pour lui, non sans m'avertir qu'ils étaient bien aventurés ; je m'en doutais un peu. La candidature fit un fiasco lamentable, réunit soixante à quatre-vingts voix. Je n'entendis plus parler de mon pauvre argent, et n'ai plus revu mon débiteur. La leçon ne me profita pas complètement, bien qu'un vieux sceptique, à qui je contais ma déconvenue, m'eût dit : « Il faut répondre tranquillement aux indiscrets : si je vous prête l'argent, je perds l'argent et votre amitié ; si je refuse, je ne perds que l'amitié ; je n'hésite pas. » On sait cela, comme on sait beaucoup de choses qu'on ne devrait pas faire, et l'on retombe dans son péché.

Voici venir la République. Charles Lullier devient un instant généralissime de la Commune, perd la confiance du Comité Central, passe en Conseil de Guerre à Versailles, est emprisonné à Clairvaux, Toulon, envoyé à la Nouvelle Calédonie, écrit un livre *Mes Cachots*, revient en France, est accusé par les frères et amis d'avoir reçu de l'argent de M. Thiers, obtenu en prison un traitement meilleur que celui des autres condamnés.

En 1882, Lissagaray et ses amis instruisent son procès devant 3.000 communards; tout d'une voix ceux-ci le condamnent, le flétrissent; il continue jusqu'à sa mort d'écrire dans les journaux avancés. A-t-il vraiment trahi ? Cet être violent, déséquilibré, presque talentueux, a-t-il senti se réveiller en lui l'âme de l'ancien officier en présence du crime éternel de la Commune de Paris contre la France? S'est-il flatté d'être le Monck d'une restauration républicaine, en abandonnant ses complices de la Commune? Avec cela, besogneux, noceur, trouvant peut-être tout naturel de toucher de l'argent pour collaborer à une entreprise patriotique. Je ne prends pas parti dans des querelles entre les gens de la Commune ; mais que penser du vote de ces trois mille individus qui sont à la fois juges et plaideurs ? Etaient-ils 3.000 ? Etaient-ils 1.500 ? Que vaut un pareil verdict devant l'histoire, devant le simple bon sens ? Guère plus qu'une feuille de papier, *una papeleta*, comme disent les Espagnols en parlant d'une constitution politique. Toute assemblée est foule, et les foules sont, par essence, impulsives, sentimentales, elles ignorent le droit, la justice, les complications des âmes, des caractères, les mobiles infiniment variés des actes les plus simples, et voient toutes choses sous l'angle de l'absolutisme. Car il ne faut pas confondre la foule et le peuple ; la première est souvent la lie, l'écume du peuple, et, quand par hasard elle a raison, elle a trop raison, ce qui est encore une manière d'avoir tort. Au risque de passer pour un agnostique, je suis profondément convaincu que la défiance de la foule est le commencement de la sagesse, surtout en politique. Qui donc a dit que les foules sont toujours des bêtes, et souvent des bêtes féroces ?

Tout autre fut pour moi Julien Rimasson, l'ami de mon âme, un être exquis, fait de la rognure des anges, trop faible contre les coups de tonnerre du Destin, trop délicat pour garder son sang-froid en présence des complications tragiques que la vie ménage souvent à des êtres pareils, ou qu'ils provoquent eux-mêmes par leur penchant à créer de grands fantômes d'épouvante et de douleur. Il était Breton, d'une bonne famille de Fougères, avec des dons poétiques qui reflétaient son être moral au point de le peindre

avec la plus scrupuleuse fidélité, poète assurément,
bien plus poète dans sa vie que dans ses vers. Je puis
dire que, talent à part, nous nous sommes aimés
comme s'aimèrent Montaigne et la Boëtie; il m'était
infiniment supérieur par la pensée, l'imagination, la
vision contemplative des aspects protéens de la nature,
l'intelligence de l'infini dans le fini, la fécondité brillante de ses rêves; j'avais plus de volonté que lui,
plus de goût pour l'action, un besoin immodéré de
me répandre, de connaître beaucoup de choses et
beaucoup de gens. Au contraire, il vivait avec lui-
même, selon le précepte de l'ancien : *pauca cum aliis,
multa tecum loquere*, aimait les intimités, très peu
le monde où sa timidité farouche donnait d'abord le
change sur ses rares mérites. Mais, sans parler de ces
mille liens subtils et indéfinissables qui unissent les
cœurs, nous avions un centre de ralliement très attrac-
tif: notre amour commun pour les grands poètes,
qu'il lisait sans trève, et dont il savait des milliers de
vers. Il penchait pour Lamartine, avait un faible pour
son compatriote Brizeux; j'étais, — et je suis resté —
le dévot de Shakespeare, Hugo, Henri Heine, et nous
communiions tous les deux en Musset, le divin poète
de l'amour, des femmes, de la jeunesse.

Non, me disait-il, je n'aime pas, en général, les
salons qui me semblent une invention destinée à se
décharger sur les autres du poids de son propre ennui; mais je fais des exceptions, et, parmi celles-ci je
range toute une classe de salons de bonne compagnie,
ceux qu'a chantés un poète presque inconnu, Mordret,
en style familier, *Musa pedestris*. Et il me les récita :

On m'a dit bien des fois que j'avais le défaut
D'aller trop rarement chez les gens comme il faut.

C'est vrai : dans un salon je fais triste visage,
Je salue assez mal et je manque d'usage.
Aussi l'on me voit peu dans le monde. Pourtant,
J'ai cinq ou six maisons dont je suis très content.
Virgile m'a reçu la semaine dernière :
Je fréquente Shakespeare, et je hante Molière,
Un bon bourgeois tout rond, un pauvre homme de rien
Qui fait rire son monde, et qui traite fort bien.
Je vois intimement Victor Hugo, mon maître...
Puis j'entre chez Barbier, chez de Musset ; je passe
Des heures chez Brizeux, le chanteur plein de grâce,
Qui me dit à mi-voix un air de son pays,
Un air tout embaumé du parfum des taillis...
Je soupe chez Balzac ; j'ai mes grandes entrées
Chez George Sand ; je vais à certaines soirées
Où l'on voit Bellini, Donizetti, Weber...

Quand je connus Julien, il venait de terminer son
doctorat en droit, et travaillait pour l'Ecole des Chartes ; il avait trois ou quatre ans de plus que moi.. Dès
le premier soir, nous nous sentîmes entraînés l'un vers
l'autre par une foule d'affinités électives ; sortant du
cabinet de lecture, il proposa de me reconduire ; nous
descendîmes le boulevard Saint-Michel, le *Boul'
Miche*, longeâmes les quais, et, tout en devisant gaiement, en récitant des vers de nos poètes favoris, nous
arrivâmes au bois de Boulogne dont nous fîmes le tour,
et rentrâmes au logis vers trois heures du matin.
Après cette rencontre, nous nous vîmes presque tous
les jours ; il vint chez mes parents et leur plut beaucoup, je le présentai dans deux ou trois maisons où ne
sévissait point le snobisme, il m'apportait ses vers,
nous allions ensemble au théâtre, aux concerts Pas-
deloup, et pendant les vacances la correspondance
était active entre Fougères et Servigney. Il fut nommé
archiviste paléographe à Orléans en 1869, et, quelques

mois après, le rencontrant dans la cour du Carrousel alors qu'il ne m'avait pas prévenu de son passage à Paris, je lui adressai des reproches sur cette quasi-trahison, et finis par sangloter ingénument. Il réussit à me consoler, jura ses grands dieux qu'il serait venu me voir et passer une après-midi avec moi, mais qu'il avait été appelé à Paris par un devoir impérieux. Le devoir, je le devinai, c'était une belle mondaine que nous connaissions tous les deux, qui payait de retour sa tendresse. Et, tout de même, ce fut mon premier grand accès de jalousie en amitié : j'appris alors que par essence l'amour passe avant l'amitié, comme les romans l'emportent sur l'histoire, la passion sur la raison, la montagne ou la mer sur un paysage tempéré.

La guerre interrompit quelque temps la correspondance. J'avais été envoyé comme Sous-Préfet à Pont-l'Évêque. Inquiet de ne plus recevoir de nouvelles, j'écrivis plusieurs fois de suite à mon ami, je demandai des nouvelles à sa mère, et, en octobre seulement, je reçus une lettre de quarante pages, très pathétique, où Julien me contait son douloureux calvaire. L'amie, spirite, l'ayant entraîné dans les milieux occultistes, n'avait pas eu grand' peine à lui *communiquer* sa chimère. Il faut dire qu'elle était une personne fort distinguée, ce qui accrut la fascination produite par la jeunesse et la beauté ; elle lui persuada qu'il devait s'engager comme soldat, les esprits ayant prononcé leur arrêt. Il se présenta donc au conseil de revision d'Orléans, fut réformé pour son extrême myopie, comme il l'avait été déjà à vingt ans : l'amie, le spiritisme, le péril national, tout contribuait à pousser jusqu'au délire son exaltation. Pour se calmer un peu, il va se confesser à l'évêque d'Orléans, Mgr Dupanloup ;

celui-ci écrit à sa famille qui vient le chercher, il veut
s'échapper, on le retient, et avec les meilleures intentions du monde, car sa mère était une admirable chré-
tienne, une mère modèle, on l'enferme pendant six
semaines à l'hôpital des fous de Dinan, d'où il me
mande son triste état et fait appel à mon amitié, non
sans tracer le plus dramatique tableau des misères
morales endurées dans le voisinage des vrais fous.
J'écris au préfet du département, au sous-préfet de
Dinan, j'obtiens la libération du doux poëte, il me
remercie dans une autre lettre digne de la première,
et vient passer six semaines avec moi à Pont-l'Evêque.
Plusieurs fois nous allâmes ensemble de Trouville
à Honfleur, ou bien de Trouville à Villers-sur-Mer,
Dives, Houlgate; et ces courses, avec la grande Bleue
pour compagne, le vivifiaient, lui rendaient pendant
une journée quelque entrain. Mais il demeurait bien
triste en général, prenait beaucoup de remèdes par
ordonnance du médecin, et sa mélancolie ne fit qu'em-
pirer lorsqu'il reçut une lettre de la belle madame lui
donnant son congé définitif : elle ne le reverrait plus,
se souvenait à propos de son mari, de ses enfants ;
d'ailleurs les esprits, consultés à plusieurs reprises,
conseillaient la rupture. Mon pauvre ami pleura beaucoup; j'aurais voulu le garder un mois encore, j'in-
sistai vainement : il partit et m'envoya deux belles
potiches du Japon : remerciement de prince ou de
poète. Ses lettres, plus espacées qu'autrefois, témoi-
gnaient d'un certain déséquilibre ; au commencement
de 1872, il m'adressa des communications écrites sous
la dictée de la Sainte-Vierge, de Lazare, de Jésus-
Christ ; à la fin, une dernière disant qu'il ne m'écri-
rait plus. Et sa mère prit sa place, correspondit avec
moi pendant dix-huit ans ; me donna de ses nouvelles ;

nature aussi poétique que celle de son fils, elle avait des mots tombés du ciel, des coups d'ailes qui parcouraient les empires de la pensée. Son fils voulut aller à Paris ; il n'était nullement fou, ma¹⁣ enfermé dans sa douleur, et là cultivant avec un soin jaloux, ne sortant pas le jour, la nuit déambulant à travers les quais pendant plusieurs heures. Puis il voulut quitter Paris, et elle l'accompagna à Saint-Malo, où ils choisirent pour l'habiter une jolie maison dans un site pittoresque : là il sortait le jour, se promenant tout seul au bord de la mer, ou, montant à cheval, il galopait jusqu'à l'épuisement le long des flots ; et toujours muet, restant parfois cinq ou six mois sans adresser la parole à sa mère qui cessa un jour de m'écrire, se sentant, dit-elle, trop vieille, trop dolente pour continuer la correspondance, et me remerciant de ma sollicitude avec une simple grandeur qui m'arracha des larmes.

J'allai en Bretagne ; je lui avais d'avance annoncé à plusieurs reprises ma visite, il ne répondit pas ; je vins frapper à sa porte, sa mère était malade, une bonne ouvrit, je dis mon nom, elle me remit un billet de lui, portant ces seuls mots : « Je suis sûr que je tomberais raide mort si je te revoyais. Excuse-moi, adieu pour toujours ici-bas, et au revoir là-haut ! » Je fus navré, mais que faire ?

Après 1890, j'écrivis plusieurs lettres à la municipalité de Saint Malo ; j'essayai d'avoir des nouvelles par des amis bretons : je finis par savoir que sa mère était morte. Et puis on laissa mes questions sans réponse. Je pense souvent, bien souvent, à ces deux êtres d'élite, et je me répète, après Renan, que tout le système de l'univers moral serait bouleversé, si de pareilles existences n'avaient pas leur prolongement dans l'infini.

Je reproduirai à la fin d'un volume quelques vers inédits de ce parfait ami ; Camille Pelletan, qui le connut à l'Ecole des Chartes, lui trouvait l'âme d'un poète. « Il réussira, opinait-il, s'il apprend la métrique du vers ; et ce serait facile. » Voici une rêverie inspirée par une jeune Bretonne qui précéda la dame spirite dans son cœur :

SYMPHONIE

A Marie M... morte en 1865.

Oh! je veux contempler cette étoile qui brille,
Elle tremble d'amour comme un regard d'amant,
Et je crois voir errer dans le bleu firmament
La morte de mon cœur, ma pâle jeune fille!

Et je crois voir errer dans le bleu firmament
Hélas ! comme autrefois sous la sombre charmille,
La morte de mon cœur, ma pâle jeune fille,
Dans un tombeau de marbre assoupie et dormant.

La morte de mon cœur, ma pâle jeune fille,
Oh ! c'est toi, n'est-ce pas, astre de diamant?
La terre n'a qu'un corps immobile et dormant,
Et l'âme, étoile aux cieux, sur notre front scintille.

Oh ! c'est toi, n'est-ce pas, astre de diamant,
La morte de mon cœur, ma pâle jeune fille?
Parmi les astres d'or elle tressaille et brille,
La terre n'a qu'un corps immobile et dormant.

Blanche étoile du ciel, me veux-tu pour amant,
Douce étoile des nuits, âme de jeune fille ?

Vendredi, 5 février 1867.

JULIEN RIMASSON.

Avant 1870, je fréquentai beaucoup chez un ami de ma famille maternelle, M. Amédée Thierry, frère d'Augustin Thierry, préfet de ma chère Haute-Saône en 1830, grand historien lui aussi : l'*Histoire des Gaulois, d'Attila et de ses successeurs*, le tableau de l'*Empire romain, trois Ministres sous Théodose*, les études sur les Grandes Chrétiennes des IVe et Ve siècles, lui assurent une gloire durable, tout près de l'auteur du *Tiers État* et de la *Conquête de l'Angleterre par les Normands*. M. Amédée Thierry avait toujours témoigné une amitié bienveillante à mes parents, et je fus heureux d'avoir l'occasion de payer un peu la dette de reconnaissance, lorsqu'il me demanda de remplacer de temps en temps son secrétaire pour certaines corrections d'épreuves qu'il fallait, je ne sais pourquoi, faire avec lui, d'une façon confidentielle. J'admirais la puissance de travail en ce vieillard, à qui son encrier était aussi une Fontaine de Jouvence ; et il est vrai que le travail a une vertu de conservation, puisqu'il a prolongé, embelli jusqu'au bout la vie d'hommes tels que MM. Guizot, Thiers, Lamartine, Jules Simon, Michelet, Victor Hugo. J'arrivais à huit heures du matin, nous revoyions épreuves ou manuscrits jusqu'à midi ; alors le maître d'hôtel avançait une table où figuraient quatre œufs, deux pour chacun, du thé, du beurre, du pain, et quelque confiture. Rien de plus, et ce frugal repas semblait bien sommaire à mon appétit de vingt ans ; mais de la sorte je gardais toute ma lucidité d'esprit, et me comparais naïvement à Brantôme dînant chez le chancelier de l'Hospital, avec du bœuf bouilli seulement ; en revanche, il entendit « force beaux dits et belles sentences qui sortaient de la bouche d'un si grand personnage, et quelquefois aussi de jolis mots pour rire. »

M. Thierry parcourait un journal, ou causait, et, à une heure tapant, nous reprenions la besogne pour continuer d'arrache-pied jusqu'à sept heures du soir. Alors repos ; je passais dans le cabinet de toilette, faisais mes ablutions, et, si nous étions en belle saison, — mon patron demeurait rue de Tournon, — j'allais m'ébrouer pendant une demi-heure au Luxembourg ; je rentrais, nous dînions, cette fois très copieusement, presque toujours avec son fils aîné Gilbert Augustin Thierry, et sa belle-fille, née Agache, récemment mariée, évoquant par sa grâce et sa joliesse les jeunes femmes que nous présentent Rubens, Van Miéris et Jordaens. Gilbert Thierry a été, lui aussi, un excellent ami pour moi pendant plus de cinquante ans, pour le public un écrivain très original, qui n'a pas eu la chance de son talent, peut-être parce qu'il s'est confiné dans deux genres peu populaires : le roman historique et le roman occultiste, où d'ailleurs il a produit des ouvrages absolument remarquables, tels que : *Conspirateurs et Gens de Police*, *Le Capitaine sans façon*, *La Savelli*, *Le Stigmate*, *La Tresse blonde*, *Marfa*, *Le Masque*, livres écrits avec un souci infini de la forme, un sens exquis de l'art. Que de fois l'ai-je vu passer des journées entières sur une page, sur une phrase même, la refaire dix fois, comme un grand peintre esquisse vingt ébauches avant de réaliser son idéal ! Que de fois aussi l'ai-je supplié d'écrire des romans sans épithète, d'aller droit au grand public qui aime la séparation des genres, du public, bonhomme Chrysale à sa façon, qui veut que le roman soit du roman, que l'histoire soit de l'histoire ! Il ne disait pas non, il promettait même, et chaque fois il retombait dans son noble péché, un peu comme cette jolie femme du XVIIIe siècle, à qui l'on

demandait pourquoi elle avait eu tant de faiblesses :
« J'ai toujours cru, à chaque nouvelle, que ce serait la
dernière. » *La Revue des Deux Mondes* publiait d'ailleurs ses romans, et cette grande tribune, les lecteurs
d'élite, les compliments plus ou moins sincères, ca-
chaient à mon ami le lecteur moyen qui forme la
grande majorité, qui fait le succès en somme, qui
compte même aux yeux des académiciens. Naïf et
loyal, il avait l'orgueil de son talent, manquait de
diplomatie, ne se doutait pas que la modestie est l'art
de se faire dire par les autres tout le bien qu'on pense
de soi-même. Son unique défaut était la solennité, la
pompe

> *Car il* tendait la main
> Avec la dignité d'un sénateur romain.

Il prenait des airs hiératiques pour dire bonjour,
ignorait la familiarité, l'abandon, la gaieté exubé-
rante, pontifiait presque toujours ; sa voix elle-même
avait des préparations cérémonieuses, avec des chutes
nasales et des ascensions fatigantes pour l'auditeur.
Plusieurs fois, agacé de son accueil théâtral, il m'ad-
vint de lui lancer : « Mais, mon cher Thierry, vous
oubliez toujours que nous avons gardé les... moutons
ensemble. » Alors il riait, et redevenait bon enfant
pendant l'entretien. Tout de même ce travers n'était
pas pour plaire aux *Quarante* dont il désira tant de
faire partie. Son oncle, son père, avaient été membres
de l'Académie des Sciences morales et politiques [1] ;

---

1. Son fils Augustin Thierry marche vaillamment sur les
traces des glorieux maîtres : il a publié plusieurs volumes qui
l'ont mis en bonne posture auprès de l'élite, celle dont le suffrage compte dans le présent, et prépare l'opinion de la postérité.

il visait lui, l'Académie Française, la méritait largement, et la manqua. Un beau jour, le voilà candidat,
je lui exprime mes vœux très sincères, et, discrète-
ment, m'informe de ses chances dans les salons où
fréquentent les Immortels. A quelque temps de là, je
reçois un petit bleu, et me rends à l'appel. « Je tiens
à vous dire, mon cher ami, que j'ai fait mes visites,
et que je suis très content. — Quels sont vos par-
rains? — C'est Leconte de Lisle qui présentera mes
titres à la réunion préparatoire, dans dix jours, une
semaine avant l'élection, comme vous savez; moi j'ai
douze promesses fermes pour le scrutin, trois ou quatre électeurs ont engagé leurs voix pour un autre, et
me la donneront au second tour. » Là-dessus j'essaie
de le mettre en garde contre les prodigues de belles
paroles qui se montrent souvent avares d'actions; je
lui rappelle la remarque de Legouvé : « Il y a un
malentendu constant entre nous et les candidats au
fauteuil : nous prenons nos promesses pour des politesses, et ils prennent nos politesses pour des promesses. » Et comme je le vois enfoncé jusqu'à la garde
dans ses illusions, je risque une nouvelle tentative
pour le rendre plus méfiant, car je craignais fort que
le résultat, prévu hélas ! ne causât une impression
douloureuse à cette nature délicate ; il devait tomber
de si haut, que la chute ne pouvait pas ne pas être
cruelle. Nous voilà donc pointant les suffrages proba-
bles, et il me nommait comme siens des votes que je
savais pertinemment acquis à d'autres; je n'osais pas
trop non plus l'édifier, et me contentais de dire : « De
celui-là êtes-vous bien sûr — ou bien : — je me suis
laissé dire que X compte aussi sur lui ; ou encore :
n'oubliez pas qu'il y a un abîme entre mériter et obtenir... » Rien ne put dégriser mon illuminé, et, à ce

propos, dans mon for intérieur, j'ai philosophé souvent sur les divers genres de cécité, politique, littéraire, amoureuse, sociale, et autres. Le jour fatidique venu, après mainte hésitation, j'allai trouver Thierry : il pâlit beaucoup, mais fit bonne contenance lorsqu'il connut les chiffres ; il me tendit la dépêche en disant : « C'est vous qui aviez raison. — Oui, hélas ! mais vous aurez votre revanche. » Seul Leconte de Lisle avait voté pour lui à chaque tour de scrutin.

. Je le connaissais et l'aimais depuis 1860, nous aurions donc pu célébrer les noces d'or de l'amitié, comme je pouvais célébrer les noces de diamant avec Ernouf-Bignon et Morillot. Fort érudit, de ses connaissances si variées il faisait un miel très fin pour la conversation : j'ai rarement ouï dire autant de choses rares, j'en atteste ceux qui l'ont entendu dans les salons de mesdames Buloz, Pailleron, Joseph Bertrand, Bory d'Arnex, Leconte de Lisle, chez lui aussi, et quelquefois chez nous. Le mot rapide, soudain, qui part comme une flèche, lui manquait; mais, à condition de l'écouter avec quelque patience, ses récits, ses digressions fourmillaient de remarques savoureuses, tout cela dit dans une langue substantifique où les mots riches, les pensées généreuses du passé, du présent, s'harmonisaient en un capiteux bouquet.

M. Amédée Thierry devinait mes arrière-pensées libérales, et, comme il avait le culte césarien dans les moelles, il cherchait à me l'inculquer. D'ailleurs il ne concédait rien, ou presque rien au sujet des fautes commises, plus intransigeant en cela que son fils, alors auditeur au Conseil d'Etat, qui confessait volontiers les péchés de l'Empire, et bataillait éperdument contre l'auteur de ses jours *de omni re scibili et de quibusdam aliis.* M. Amédée Thierry procédait adroitement dans ses tentatives de conversion ; il n'abordait pas de face l'adversaire, se contentait de lancer, à certaines heures, une grêle de brocards sur certains députés de l'opposition, en révélant leurs petites misères, les contradictions politiques des uns, l'illogisme des autres, *l'indulgence absurde* de l'Empereur qui aurait pu se venger en mainte circonstance ; il ne daignait pas le faire. Cette faiblesse le navrait, surtout à propos de Jules Favre qui, disait-il, l'insulte ou le fait insulter tous les jours, et qu'il devrait traîner devant les tribunaux, réduire à merci ; l'Empereur est l'ami de ses amis, mais ne sait pas être l'ennemi de ses ennemis. Et il m'expliqua un épisode douloureux de la vie de Jules Favre, qui, en 1871, fut terriblement mis en lumière par le journal *le Vengeur*, une de ces histoires qui sont le drame et la tragédie de tant de foyers, une histoire que, par une curieuse déviation du sens moral, et un effarant oubli des principes les plus élémentaires de prudence et de tact, Jules Favre ne craignit pas de réveiller dans le souvenir du public et de la magistrature, en plaidant un grand procès, l'affaire Naundorf, où il s'agissait d'une *rectification d'actes de l'état civil.* Mon hôte excellait ainsi à piquer le talon d'Achille des chefs de l'Opposition ; naturellement, enchaîné par le respect, je n'osais guère protester, encore moins soulever le voile discret qui enveloppait les dieux de l'Olympe césarien, ces idoles si près de tomber avec fracas, et d'entraîner dans leur chute l'immortelle statue de la France.

Mon cher Victor, dit-il un soir, répétez donc à vos amis républicains les vers de Charles Nodier après le XVIII Brumaire ; il escomptait l'Empire, et cette boutade poétique eut en 1852 un fameux regain d'actualité :

> Partisans de la République,
> Grands raisonneurs en politique,
> Dont je partage la douleur,
> Venez assister en famille,
> Au grand convoi de votre fille
> Morte en couche d'un Empereur.
> L'indivisible citoyenne
> Qui ne devait jamais mourir,
> N'a pu supporter sans périr
> L'opération césarienne.
> Mais vous n'y perdrez presque rien,
> O vous que cet accident touche ;
> Car, si la mère est morte en couche,
> L'enfant du moins se porte bien.

M. Amédée Thierry tirait aussi de ses livres toutes sortes de paraboles et d'apologues en faveur de l'autorité ; surtout ses ouvrages sur l'histoire romaine lui servaient d'arsenal pour pulvériser mes idées, en montrant la démagogie chez les anciens aussi détestable et dangereuse que la démagogie française et cosmopolite. Comme il était très ferré sur la littérature grecque et latine, on pense bien que son carquois était toujours garni. Un jour, cependant Gilbert émit cette objection que je n'osais formuler : « Il n'en est pas moins vrai, mon père, et les meilleurs amis de l'Empire le reconnaissent en gémissant, que l'Expédition du Mexique et la guerre de 1866 ont fait plus de mal à la France que la perte de deux grandes armées. M. Thiers l'a démontré avec une clarté aveuglante. » Et ce fut le point de départ d'un dur tournoi. Que de fois, en songeant à cette riposte, me suis-je plus tard remémoré la conclusion du comte Bernard d'Harcourt ! « Le Gouvernement français a souscrit en 1871 à la cession de l'Alsace et de la Lorraine, mais c'est en juillet 1866 qu'il les a perdues. »

M. Amédée Thierry citait volontiers le mot de Napoléon Ier : « J'ai dessouillé la Révolution, anobli les peuples et raffermi les rois ». Ouais, pensais-je tout bas, il les a raffermis comme la corde soutient le pendu. S'il flagellait les adversaires, M. Thierry n'était pas tendre pour les conservateurs, les gens d'ordre qu'il chargeait de tous les péchés du chef suprême, qu'il traitait de girouettes rouillées : « On devrait, affirmait-il, les appeler des *conservés*, car ils ne se montrent guère capables de se conserver eux-mêmes. Oh ! c'était déjà la même chose à Rome, et je pourrais là-dessus vous conter cent traits des plus topiques. De tout temps ils se montrèrent fort disposés à brûler plusieurs cierges devant le diable, et à poser, en rechignant encore, un modeste lampion devant Dieu. Et de me sortir la définition du bourgeois, du garde national par Laurent-Jan, et de défiler un long chapelet de bévues commises par les conservateurs dans l'antiquité, avant et après 1789. La conclusion inévitable était : Il faut donc les sauver malgré eux, sans eux, en se servant d'eux, et faire leurs affaires politiques, puisqu'ils ne savent soigner que leurs affaires privées. La dictature d'en haut est cent fois plus supportable que celle d'en bas :

Le despotisme seul féconde le chaos;
Je veux : L'enfantement du monde est dans ces mots.

CHAPITRE III

LA COUR DE NAPOLÉON III

Il serait curieux d'établir une comparaison entre la cour de la vieille monarchie, la cour sous les Napoléon, la Restauration et la Monarchie de Juillet. Comparer, c'est juger, c'est critiquer : cette opération si naturelle de l'esprit n'est-elle pas à la base de toutes les autres, ne les provoque-t-elle pas, ne les met-elle pas en mouvement, s'appuyant elle-même sur la mémoire, faisant toucher du doigt divergences et ressemblances, comme un peintre habile ménage les oppositions sur sa toile ? Il y a, sans doute, comparaison et comparaison, comme il y a cerveau et cerveau. Entre celle du bonhomme qui, au physique et au moral, n'a jamais quitté son clocher, juge l'univers d'après son village, l'humanité d'après les trente ou quarante personnes qu'il a fréquentées, et celle de l'historien qui, à son propre horizon, ajoute ceux des autres historiens, voyage sans cesse dans le monde de la pensée, fouille l'âme des siècles avec une curiosité passionnée, il y a la même différence qu'entre l'aveugle et le savant armé du télescope, entre un homme d'esprit et un imbécile. Maniée par l'historien, la comparaison devient un moyen de reconnaître la vérité, une source de sérénité, de tolérance, elle révèle le prix de la vie, enseigne que celle-ci vaut mieux qu'autrefois la peine d'être vécue, que nos aïeux enduraient des maux qui nous sembleraient intolérables, et, qu'à tout prendre, en pesant avec des balances aussi exactes que possible le passif, l'actif du passé et du présent, celui-ci l'emporte un peu sur celui-là.

Non en toutes choses assurément, non sans doute dans l'ordre de l'étiquette, du décorum qui semble le triomphe de la monarchie absolue. Ainsi la cour de Louis XIV est bien la cour par excellence : le fétichisme de la royauté, la foi religieuse, la gravité sacerdotale avec laquelle le roi remplit sa fonction, la grâce de la courtoisie, l'art et la science des rites sociaux, la beauté des costumes, le prestige qui se dégage de l'idée d'un pouvoir dix fois séculaire, tout consacre cette primauté sur une cour démocratique comme celle de Napoléon III, à qui les moralistes reprochent sa frivolité, où les hommes et les choses n'ont point de racines, semblent manquer de lendemain, guettés sans cesse par la fatalité révolutionnaire ou guerrière. Cette cour participe des défauts du régime dont elle est sortie : l'incertitude, la précarité, la menace continuelle du hasard, beaucoup d'éclat, peu de solidité. Telle qu'elle se manifeste toutefois, elle ne connaît point ces plaies de l'ancienne cour : les favorites officielles, les folies de jeu, beaucoup de grands seigneurs recevant sans scrupule de l'argent des dames, et se vantant de leurs bonnes fortunes, l'usage de tricher si répandu, qu'il fallut attacher au palais un grand

prévôt chargé de juger les délits qui s'y commettaient,
la tyrannie asphyxiante de l'étiquette. Certes, les costumes d'autrefois sont plus beaux, mieux portés par
des gens qui en avaient l'habitude, ceux-ci font mieux
la révérence, ils baisent la main des dames avec plus
de grâce; mais que dire de leur malpropreté, de cette
absence de confort et d'hygiène attestée par tant de
témoignages, par mille détails d'installation dans les
appartements? Et leur éclairage comparé aux mer-
veilles de l'électricité ou même du gaz, n'est-ce pas
le coche à côté du chemin de fer, le cheval en présence du télégraphe et du téléphone? J'entends bien
que Louis XIV aimait à entretenir les hommes les plus
distingués; mais, sans professer aucune tendresse
pour le régime napoléonien, on peut, ce semble, admettre que les familiers, les invités des séries de Compiègne, Mérimée, Augier, Octave Feuillet, Caro, Leverrier, Augustin Filon, Auber, Pasteur, Sandeau,
About, Féval, n'auraient pas fait mauvaise figure à la
cour du grand roi. La splendeur, le charme d'une
cour ne dépendent guère de la qualité de son gouvernement : elle peut être fort ennuyeuse et monotone
avec un bon souverain, superbe, enchanteresse avec
un mauvais.

J'ai eu la bonne fortune de causer assez longuement
avec des amis, familiers et fidèles de l'Empereur, entre autres: la princesse de Metternich, Mesdames Octave Feuillet, Bartholoni, Carette, la comtesse de
Pourtalès, la baronne Morio de l'Isle, le baron Imbert
de Saint-Amand, le marquis de Massa, le général du
Barail, le général de Galliffet, MM. Emile Ollivier,
Augustin Filon, Ernest Pinard, et M. Stéphen Liégeard, dernier député de Thionville avant 1870, le
poète des *Rimes vengeresses*, les plus beaux sonnets

patriotiques qui aient paru depuis 1914. Grâce à eux, grâce aux historiographes de la cour napoléonienne, je peux rappeler quelques traits qui éclairent sa physionomie, sa vie mondaine et sociale.

Une cour, c'est un salon, et, du plus au moins, *le sublime du frivole* ; ses fêtes symbolisent pour elle ce que figurent les diamants pour une femme, les fleurs dans un parc, les réceptions à l'Académie Française, les grandes manœuvres dans les annales d'une armée. Donc, point d'incursions dans la politique : tout cela m'entraînerait trop loin, et d'ailleurs a été très bien dit par d'autres.

Tel souverain, telle cour ; axiome douteux. Telle souveraine, telle cour ; maxime plus véridique, bien qu'il faille aussi tenir compte de certains éléments : les mœurs, les habitudes, l'éducation, le pays, l'époque. Singer n'est pas imiter : on n'improvise pas du jour au lendemain un courtisan accompli, cette *superbe canaille des cours*, racaille aristocratique, *boue dans un bas de soie*, chef-d'œuvre de platitude, prétendent les mécontents, — mais aussi un être pétri de grâce, de présence d'esprit, de séduction, quintessence de sélection séculaire, quand on regarde par l'autre bout de la lorgnette. Une partie de ceux qui, par leur naissance, auraient pu contribuer à l'éclat de la Cour impériale, se renferment dans une attitude hostile ou boudeuse. Sans doute on avait les ralliés, la noblesse napoléonienne, les diplomates, les étrangers, les fonctionnaires ; mais il manquait le lest, cette harmonie spéciale, cette patine que le temps apporte aux tableaux, aux monuments, aux institutions. Plus de façade que de profondeur, plus de broderies que d'étoffe, un brillant décor d'opéra qui va disparaître au gré du machiniste, trop de nouveaux venus, trop peu de gens ayant le sens de la tradition et de la nuance, voilà l'impression que produit cette cour, quand on l'étudie dans son ensemble et à distance.

Napoléon III, si pauvre diplomate, si tristement épris de chimères néfastes, avait des côtés attachants, de la bonté, du charme, un certain goût pour la moquerie douce à l'égard de l'Impératrice, et de l'esprit, quand il sortait de cette réserve sibylline qui le fit surnommer : le *Taciturne*.

Il a eu des mots noblement naïfs comme celui-ci : « Mon oncle donna ses frères aux peuples de l'Europe; je voudrais leur donner mon cœur. » Parlant de ses parents ingrats, il se consolait en disant : « Je les oublierai dans l'affection des autres. » Après un ballet, le *Diable à Quatre*, dansé par quelques dames de la Cour pour faire une surprise à l'Impératrice le jour de la Sainte Eugénie, il remarque philosophiquement · « Après tout, avec cette manie qu'ont les hommes de courir après les danseuses, autant vaut leur en fournir de bonne maison. » Il estimait d'ailleurs que l'esprit de la danseuse est dans ses jambes, et se targuait de n'aimer pas les femmes bêtes. D'une femme qui se posait en irréconciliable, il disait en clignant (l'œil : « Madame de ... il n'y a pas de faux pas da   ι vie; il n'y a qu'un faux papa, le père de ses enfants. » Un jour qu'il s'évertuait à faire marcher l'orgue-piano pour une sauterie à Compiègne, madame Conneau interpella gaiement le préfet de police, M. de Maupas : « Si jamais l'Empereur vous demande la permission de jouer dans la rue, refusez-là lui, Monsieur, pour l'amour de Dieu et de la musique! » Et Napoléon III de répliquer du tac au tac : « Madame, si je me vois réduit à pareille extrémité, je m'associerai avec vous; c'est vous qui chanterez, et je récolterai

les sous. » L'empereur comprenait aussi peu la musique... que son oncle. — Faisant allusion aux difficultés qu'avait suscitées sa reconnaissance, Napoléon
conclut : « On dit que les enfants dont la naissance
a été laborieuse sont robustes — Oui, répondit sur le
même ton Hübner, ambassadeur d'Autriche, quand
même, en naissant, ils ont tué leur mère. »

Dans la lettre de créance remise par son ambassadeur à Napoléon III, le *tsar le traitait de bon ami* et
non *de frère*, comme le veut le protocole. Ce qui
n'empêcha point l'Empereur de recevoir très bien Kis-
seleff ; après avoir lu la lettre de créance, il lui dit
avec le plus aimable sourire : « Vous remercierez
beaucoup l'empereur Nicolas du nom qu'il veut bien
me donner ; j'en suis particulièrement touché ; car on
ne choisit pas ses frères, et l'on choisit ses amis. »
Le tsar comprit, fit grand accueil à notre ambassadeur le général de Castelbajac, et lui exprima l'espoir
que Napoléon III lui accorderait sa confiance *comme
à un ami, « car pour moi les mots ont un sens*, et ne
sont pas de vaines paroles. » A un ouvrier qui lui
avait dit que Charles X était le roi de la noblesse,
Louis-Philippe le roi de la bourgeoisie, qu'il sera't,
lui, *le roi du peuple*, il répond en souriant : « Oui,
mais qui dit *peuple* dit *tous*. »

Arlès Dufour, très mêlé aux négociations des traités
de commerce de 1860, ayant, au fond de son âme, gardé
le culte du Saint-Simonisme, se laissa aller à en parler devant l'Empereur, qui lui dit : « N'admettez-vous
pas qu'on a un peu raison quand on vous appelle toqué, mon cher M. Arlès ? — Oui, Sire, je suis toqué,
répondit Arlès-Dufour, mais Votre Majesté sait bien
qu'il n'y a que les toqués qui réussissent. L'Empereur
éclata de rire, et se leva en disant: « Sortez, imperti-

nènt, et ne revenez que demain à deux heures ! »

Un soir, évoquant quelques traits du passé, il conta qu'étant Président de la République, il se fit présenter le gendarme qui l'avait arrêté à Boulogne : il voulait le récompenser. Le vieux soldat, presque étranglé par l'émotion, avait eu une réponse admirable, lorsque le prince fit une allusion discrète à l'arrestation, un vrai mot de situation que pourraient envier les meilleurs dramaturges : « Dame, ce jour-là, Monseigneur, *vous étiez en contravention !* »

Offrant un portefeuille au savant J. B. Dumas en 1849, Louis Napoléon ajoute : « Il y a les blancs, les rouges, les bleus ; l'immense majorité est avec les bleus ; si c'est votre opinion, nous pouvons nous entendre »

Rappelons encore le mot de Napoléon III au Cardinal Donnet : « En priant pour ceux qui souffrent, on prie pour moi. »

Il aimait le faste, la représentation, la pompe monarchique, et peut-être avait-il médité sur ce mot dit à un autre dynaste par son confesseur : « Les prérogatives de votre couronne sont-elles autre chose qu'une étiquette ? »

On lui parlait d'un tableau de chasse qui est au Louvre : « Ah oui ! fit-il, un tableau où l'on ne voit que des queues de chien et des cors de chasse ; et on ne distingue pas plus les uns que les autres, parce qu'ils sont tous en trompette. » Alors qu'il n'était encore que Président de la République, on lui présenta un album, avec l'inévitable et insipide requête ; il écrivit :

Le premier qui fut roi fut un soldat heureux :

Racine.

Napoléon III était assez fort en sciences exactes; il lisait mal, chantait faux, et on lui trouvait un organe assez désagréable, un peu tudesque, au dire de certains critiques.

Il adressa ce compliment à Camille Doucet : J'aime vos vers, ils ressemblent à de la prose. » Il est vrai que Buffon avait ce critérium d'admiration, quand il voulait louer un poème « c'est beau comme de la belle prose. » Ni l'Empereur ni l'Impératrice ne comprenaient les questions d'art ou de littérature, mais ils firent semblant de s'y intéresser.

L'Impératrice, disait-on, a des prétentions artistiques; elle colorie des images d'Epinal, et appelle cela : faire de l'aquarelle.

Voici deux des meilleurs mots de Napoléon III. Le roi Jérôme, aussi dépensier que quémandeur insatiable, furieux de ne pouvoir obtenir de nouvelles faveurs, fait à l'Empereur une scène de mauvais goût qu'il termine par cette grossièreté : « Vous n'avez rien d'un Napoléon! » Et la réponse fut : « Vous vous trompez, mon oncle, j'ai sa famille. »

Son compliment — un peu arrangé après coup, — au duc Victor de Broglie pendant la visite protocolaire, lors de sa réception à l'Académie Française; (le duc avait parlé du Consulat avec éloges) : « J'espère, M. le duc, que vous direz au jour de mon XVIII Brumaire ce que vous avez dit du Deux Décembre de mon oncle. » Le duc Albert de Broglie m'a assuré que la véritable version fut un peu différente, quelque chose comme ceci : « J'espère, M. le Duc, que votre petit-fils sera aussi académicien, et qu'il fera l'éloge du Deux Décembre, comme vous venez de faire celui du 18 Brumaire. »

En 1870 il dit à M. Buffet : « Je n'ai pas oublié la

fable du vieux lion : on m'a déjà coupé les ongles,
maintenant vous voulez m'arracher les dents. »

On lui parlait d'un journaliste, qui, ayant été condamné à deux mois de prison pour injures au Corps
Législatif, refusait obstinément de demander sa
grâce que lui faisait promettre le président Schnei-
der. « Il a raison, dit-il, avec un retour sur lui-même :
par le temps où nous vivons, qui est-ce qui n'a pas
fait un peu de prison ? »

Encore un trait de l'ancien prisonnier de Ham.
Salle des Maréchaux, palais des Tuileries, réunion du
Conseil privé ; présents : prince Napoléon, cardinal
Morlot, maréchal duc de Malakoff, Fould, Morny,
Troplong, Baroche, Persigny. Au milieu d'une grave
discussion, l'huissier Félix entre, remet une carte à
l'Empereur qui sort brusquement, et, au grand étonnement de tous, ne revient que plus d'une demi
heure après. Souriant ; il reprend sa place, et, se penchant vers son cousin : « Un vieil ami de prison,
conte-t-il ; il y a bien dix huit ans que nous ne nous
étions pas revus. »

En 1856, l'Empereur et l'Impératrice, se promenant au Bois de Boulogne, rencontrent un petit garçon à la mine éveillée, au teint fleuri, qui attire
l'attention de l'Impératrice ; elle s'arrête, cause avec
l'enfant, le caresse, l'embrasse.

Et moi, cher enfant, dit l'Empereur, veux-tu m'embrasser ?

Non !

Pourquoi cela ?

Et comme le petit garçon restait silencieux :

Sais-tu qui je suis ?

Tu es l'Empereur.

Que fait ton papa ?

Il est sénateur.

Et pourquoi ne veux-tu pas m'embrasser?

Parce que papa a dit que tu étais un coquin.

L'empereur se retira en disant : « Je ne veux pas savoir le nom de ton père. »

Le docteur Ménière, qui raconte ce dialogue, avec raison trouve très beau le scrupule de Napoléon III.

Mademoiselle de Montijo, [1] comtesse de Téba, était grande d'Espagne, mais non princesse de sang royal. Admirablement belle, ayant l'art et la science de sa beauté, elle a refusé de devenir la favorite de l'empereur, lui a montré un chemin, le seul, pour arriver jusqu'à son cœur : le chemin de la chapelle, a remporté sa victoire de Marengo le jour où celui ci l'a solennellement conduite à Notre-Dame. On dit, (que ne dit-on pas ? que Mérimée lui a dicté les lettres qui commencèrent d'ensorceler Napoléon. Fidèle à son mari, à sa dignité, elle ne déteste pas voyager sur la carte du pays de Tendre, dans le royaume platonique, et, à l'exemple des belles dames du xviie siècle, il lui plaît d'exciter ces amitiés émues, amoureuses, passionnées, qu'elle excelle à contenir dans leurs limites. Elle se dit légitimiste, admire Marie-Antoinette, *son type*, est très pieuse, très brave, lit beaucoup, surtout lorsque sa jeunesse a cessé de lui faire du bruit, lorsque, après ces premières années de règne, où le tourbillon des fêtes, l'encens des hommages l'ont un peu enivrée, elle a résolu, hélas ! d'être autre chose qu'une femme à la mode, une agréable maî-

1. Marie-Eugénie-Ignacia-Augustine de Guzman-Portocarrero-Palafox et Kirpatrick de Glosburn, comtesse de Mora et de Banos. Marquise de Moya, d'Ardales et d'Osera, Comtesse de Teba, d'Ablitas et de Santa-Cruz de la Sierra, Vicomtesse de la Calzada.

trosse de maison, de devenir femme d'État. Faculté
d'assimilation, don épistolaire [1] (il existe d'elle de remarquables lettres à des familiers), volonté de fer,
vivacité de l'esprit, naturel, sincérité, brusquerie
primesautière, goût de la discussion, voilà encore ce
qu'on peut lui concéder.

Ajoutons-y la volonté de plaire, en s'efforçant de
parler à chacun la langue de son esprit ou de ses pen-
chants, des manières assez libres unies à un grand fond
d'honnêteté, une foule de préjugés qu'elle soutient avec
passion, la manie de tenir le dé de la conversation,
une ignorance encyclopédique de beaucoup des sujets
qu'elle traite, des rencontres assez heureuses d'expres-
sions au hasard de la parole. Méfiante, comme l'empereur, vis-à-vis de la médecine, des médecins, et, par
une contradiction plus fréquente que logique, pleine de
superstitions enfantines. Mon ami M. Robert de la
Sizeranne, m'a rapporté l'impression de son oncle, le
Comte de la Sizeranne : « Elle donne l'illusion de l'intelligence. » Oui, d'une certaine intelligence, mais il
y a au moins cinq ou six sortes de cette faculté : l'intelligence de l'esprit, celle du cœur, celle de la volonté,
celle des affaires, celle de l'ambition, de l'amour,
d'autres encore L'impératrice *Ugénie*, (comme prononçait l'empereur en la tutoyant) eut l'intelligence de
sa volonté, de son ambition, et ces deux variétés-là
pourraient bien avoir donné le change à de grands
lettrés. D'ailleurs toutes ces émules de Cléopâtre, ces
conquérantes de cœurs royaux n'ont-elles pas montré
plusieurs sortes d'esprit ? Mais il faut se défier un peu

1. Ne pas oublier que la Correspondance de Louis XIV a
pour principal auteur le président Roze, qui *avait la plume*,
écrivait et signait au nom du Roi.

des mots de souverains, leur appliquer la remarque de Talleyrand à propos de ceux qu'on lui prêtait : ils ont trop d'esprit, ils me feront mourir. Lorsque Augustin Filon, Nisard, Octave Feuillet, attestent l'enchantement de cette conversation, on peut admettre qu'ils se pipent eux-mêmes, que la fascination de la beauté, du rang, obscurcit leur entendement, qu'ils exagèrent des cinq-sixièmes, et donnent trop d'importance aux sourires, aux poses, au talent d'écouter. Tout de même leur témoignage a son poids, confirme tant d'admirations moins compétentes, ou moins sincères. Est-ce l'Impératrice qui fit cette réponse au prince impérial, comme celui-ci, pendant une partie sur la Seine, lui demandait en se jouant la différence entre ces deux mots : malheur et accident.

— Tu vois ton oncle, le prince Napoléon (qui la détestait, et elle le lui rendait amplement.) Eh bien, suppose qu'il tombe à l'eau : c'est un accident ; on l'en retire : c'est un malheur !

A-t-elle dit, — ou seulement répété d'après un souffleur, — le mot que lui prête M. Arthur Meyer ? « Les souverains sont donc pris de vertige ! Ils ne comprennent donc rien ! Si la République reste sage, c'est leur trône inutile ; si elle devient révolutionnaire, c'est leur trône impossible ! »

En voici de plus authentiques. Dans une visite à l'hospice des cholériques d'Amiens, un malade, la prenant pour une religieuse, l'appelle : *ma sœur* ; et comme quelqu'un relevait la méprise :

— « Non, dit-elle, *ma sœur* est le plus beau titre qu'il puisse me donner. »

Pinard la complimentait un jour de son courage en face du fléau :

— « Que voulez-vous, répondit-elle, pour nous autres femmes, c'est notre seule manière d'aller au feu. »

Mesnard, vice-président du Sénat, blâmant le mariage de l'empereur, et lisant le message où celui-ci en exposait les raisons, avait observé :

— « Beau discours, mais j'aime mieux la sauce que le poisson. »

Quelques années après, il dînait aux Tuileries près de l'impératrice ; au moment où il acceptait du turbot, elle l'interpelle :

— « Ah ! monsieur le sénateur, je croyais que vous n'aimiez que la sauce, et pas du tout le poisson. »

Elle fait en quelque sorte son blason moral de cette pensée : *todos me miran, y yo miro a uno* ; tous m'admirent, et je n'admire qu'un seul ; — et voici une de ses locutions favorites ; tout cela, ce sont des *tonteria* (des bêtises, des niaiseries).

J'ai dit que l'Empereur taquinait volontiers l'Impératrice sur ses impétueuses incohérences de langage, ou sur ses turbulentes affirmations :

Un jour, devant M. Haussmann, elle explique gravement que Sainte Thérèse fut une de ces ancêtres. — Alors, interroge son mari, vous descendez vraiment de Sainte Thérèse ? — Mais certainement. — En ligne directe ? — En ligne directe, sire. — Mais, objecte l'Empereur, puisque votre Sainte Thérèse est morte vierge ! — Tenez, Sire, vous me faites dire des bêtises. » Et les assistants durent réprimer une forte envie de rire.

Dans une conversation avec Fortoul, elle soutint, d'après les traditions espagnoles, que seul le mariage religieux avait de la valeur, que le mariage civil était de nulle portée. « On devrait le supprimer, affirmait-elle. — Mais c'est une des lois fondamentales du code

Napoléon, et ce serait détruire le magnifique monument
de la France impériale, répondait le ministre de l'Instruction publique. — Eh bien, qu'on le supprime aussi !
repart étourdiment la souveraine, en souriant avec sa
grâce mutine. Cela se passait quelques jours après le
mariage; plus tard, cette présomption devait coûter
cher à l'Empire, à la France.

Elle était rancunière, et l'on parla beaucoup de la
disgrâce qui frappa Hyrvoix, chef de la police secrète, pour avoir déclaré à l'empereur que le peuple
rendait responsable de la guerre du Mexique l'Espagnole; de celle qui atteignit un jeune et très distingué
colonel, offusqué des propos trop hardis des acteurs et
actrices dans une charade : comme il n'avait pas dis-
simulé sa surprise, l'Impératrice répliqua d'un ton de
gavroche : « Vous n'êtes pas content ; eh bien, je m'en
fiche, je m'en refiche et m'en contre-fiche. » Le colonel ne reparut plus à la cour, et il était toujours colonel en 1870. E. Boitelle, préfet de police, représente
vainement à Sa Majesté qu'elle ferait mieux de ne pas
aller à Saint-Lazare; sèchement elle lui donne l'ordre
de l'accompagner, la visite a lieu, l'Impératrice s'étonne
malencontreusement que les repas quotidiens des pen-
sionnaires se terminent sans dessert. Boitelle répond
doucement : « Vraiment, Madame, vous permettez à
votre bonté de faire taire votre raison. Si elles ont du
dessert, que donnerons-nous aux honnêtes femmes ? »
Le lendemain, Boitelle était remplacé et nommé sénateur.

D'autre part, quelqu'un m'a dit avoir vu l'Impératrice pleurer quand on lui récita les vers composés par
Théophile Gautier, lors de la fête pour le retour des
régiments de Crimée, en l'honneur des Vieux de la
Vieille, des vétérans des guerres du Premier Empire

réunis au pied de la Colonne Vendôme, attendant les soldats vainqueurs :

> ... Ne les raillez pas, camarade !
> Saluez plutôt chapeau bas
> Ces Achilles d'une Iliade
> Qu'Homère n'inventerait pas.
>
> Leur peau, bizarrement noircie,
> Dit l'Egypte aux soleils brûlants ;
> Et les neiges de la Russie
> Poudrent encore leurs cheveux blancs.
>
> Ne nous moquons pas de ces hommes
> Qu'en riant le gamin poursuit :
> Ils furent le jour dont nous sommes
> Le soir, et peut-être la nuit.
>
> Si leurs mains tremblent, c'est sans doute
> Du froid de la Bérésina ;
> Et s'ils boitent, c'est que la route
> Est longue du Caire à Vilna.
>
> S'ils sont perclus, c'est qu'à la guerre
> Leurs drapeaux étaient leurs seuls draps,
> Et si leur marche ne va guère,
> C'est qu'un boulet a pris leurs bras.

Et elle a eu de nobles attitudes de souveraine.

Après les premières batailles perdues en 1870, on entendit plusieurs fois l'Impératrice, faisant litière de toute préoccupation dynastique, dire aux ministres : « Sauvez la France, sans vous occuper de nous ! »

Les objections politiques, les jalousies de la famille impériale, les épigrammes des salons avaient fait chorus au moment du mariage. La Bourse salua la nouvelle par une baisse de deux francs ; on colportait le mot de M. Thiers : l'Empereur m'a toujours paru un homme d'esprit : aujourd'hui je le reconnais prévoyant ; par son mariage il se réserve la grandesse espagnole. » Dans son discours du 22 janvier 1853, Napoléon III ne s'était pas contenté de revendiquer le titre de *parvenu* ; il exprimait l'espoir qu'Eugénie ferait revivre les vertus de l'Impératrice Joséphine. « *Les vertus de Joséphine*, ricana un vieux diplomate ! Il n'y a au monde que Louis-Nopoléon capable de mettre le souhait de ces vertus-là dans la corbeille de noces d'une jeune fille. » Quant à Dupin, il donnait raison à l'empereur, mais sous une forme ironique : « On se préoccupe peu de ce que je dis et de ce que je pense, et on fait peut-être bien ; mais l'empereur fait mieux encore d'épouser qui lui plaît, et de ne pas se laisser marchander quelque scrupuleuse princesse d'Allemagne, aux pieds larges comme les miens. Du moins, lorsque l'empereur embrassera sa femme, ce sera par plaisir et non par devoir. »

Parmi les fêtes brillantes de cette époque, rappelons celles qui furent données en l'honneur de dom François d'Assise, époux de la reine Isabelle d'Espagne, en 1864. Pour lui présenter en quelques jours le Paris archéologique, militaire, artistique, industriel, mondain, on avait arrêté une série de réjouissances : le premier jour, dîner d'apparat à Saint-Cloud ; le second jour, visite de la capitale, dîner aux Tuileries, représentation de gala à l'Opéra ; le troisième jour, revue au Champ de Mars, fête à Versailles ; le quatrième jour...

« — Ici, je vous arrête, mon cher ministre, s'écria l'ambassadeur d'Espagne, auquel on communiquait ce programme ; et il ajouta, avec une résignation comique : le quatrième jour on enterre l'ambassadeur.

Le programme s'exécuta de point en point, et le diplomate ne mourut pas ; il y a pour eux, comme pour les souverains, des grâces d'État.

Les tableaux vivants étaient alors en grande vogue : l'un d'eux, surnommé le *Ballet des Abeilles*, eut pour actrices : la comtesse Molitor, la princesse Troubetzkoï, mesdames Magnan, de Lostende, la comtesse de Lépine et la baronne de Vatry. Chacune d'elles fut enfermée et amenée dans une ruche en paille dorée ; à un signal, toutes ensemble sortirent de leur prison. Deux autres tableaux, les *Cinq parties du monde* et les *Éléments* excitèrent aussi un grand enthousiasme. Les *Cinq parties du monde*, représentées par cinq des beautés professionnelles de la cour, soutenaient, en des attitudes savamment suggestives, une sphère lumineuse : à leurs pieds, d'autres femmes, en naïades, en nymphes, formaient comme des bas-reliefs vivants. De même les *Éléments*, air, feu, terre et eau, avaient pour interprètes quatre personnes de beauté irréprochable, soutenues par des groupes d'autres femmes partagées sous leurs ordres en quatre divisions secondaires. Un bal travesti que l'Impératrice et l'empereur donnèrent dans les salons de l'hôtel d'Albe, aux Champs Elysées, méritait de tenter la plume des Dangeau et des Luynes du second Empire. Que dis-je ? Cette Cour a eu son Dangeau, Mérimée s'il vous plaît, un Dangeau assez intermittent, gardant son indépendance, n'admirant pas sans réserves, et, avec ses phrases courtes, nerveuses, pleines de suc médullaire, nous instruisant plus que d'autres qui se noient dans d'interminables digressions. Jardin couvert, entouré par des arcades peintes, au travers desquelles se déroulait, en trompe-l'œil, une succession de bosquets et de paysages, costumes éblouissants, ballets représentant des scènes mythologiques, orchestres invisibles, tout concourait à l'agrément de cette féerie de beauté, d'esprit et de grâce. L'Impératrice avait d'abord choisi un costume de Diane ; on lui fit comprendre qu'il était peu convenable pour elle, et elle se contenta de changer plusieurs fois de domino dans la soirée. Mais on la vit en dogaresse, parée des diamants de la Couronne, aux Tuileries ; en Junon chez madame de Metternich ; en bohémienne aux Affaires Etrangères.

Pendant un bal officiel, une beauté exotique, décolletée à outrance, se retourne et interpelle brusquement un monsieur qui, par mégarde, a marché sur sa traîne : « Fichu maladroit, va ! » Mais le délinquant repart d'un ton doucereux et narquois : « Voilà un fichu qui est bien mal placé sur vos jolies lèvres, et qui serait bien mieux ailleurs. » Les rires ne furent pas du côté de la dame ; et les amateurs de précisions affirment que c'était la trop fameuse comtesse Castiglione.

Au bal donné pour le Khédive en 1869, la toute jeune fille d'un député bourguignon fit une heureuse réponse à la souveraine qui, la voyant très émue, lui disait : « Rassurez-vous, mademoiselle. Avez-vous une grâce à me demander ? — Ah ! madame, lorsqu'on a le bonheur de vous contempler, la seule grâce qu'une femme puisse désirer, c'est la vôtre. » Et d'aucuns se demandèrent si cet impromptu était bien un impromptu. Le nom de la jeune fille ne m'avait pas été révélé ; comme je lisais ce chapitre à madame Stéphen Liégeard, une des femmes les plus distinguées de notre temps, elle me dit que la gentille complimenteuse devait être mademoiselle Marey-Monge ; les dates, les opinions, le mérite de cette famille, tout rend probable cette supposition.

Les réceptions de Saint-Cloud, Biarritz, Fontainebleau, Compiègne, sous le second Empire, diffèrent assez sensiblement de celles des Tuileries. Dans ces deux dernières résidences en particulier, on mène la grande vie de château, et des distractions nouvelles, comédie de société, représentations des acteurs de la Comédie-Française, du Vaudeville, du Gymnase, charades, parties de chasse, promenades en forêt, font leur apparition. Les invités par séries y passent une semaine environ. Naturellement, ils sont de plusieurs sortes : parents, intimes, personnages officiels, savants, littérateurs, les fidèles et ceux qu'on voulait séduire, ceux que l'on conviait pour leur agrément, pour les convenances ; parmi ces derniers figurait, j'imagine, le prince Napoléon, qui refusa de porter un toast à l'impératrice le jour de sa fête. Quant à sa sainte femme, la princesse Clotilde, dédaigneuse de luxe et de toilette, éprouvant une sorte de répulsion pour les fêtes officielles, capable de s'endormir à table au grand mépris de l'étiquette, elle allait sans doute à Compiègne par bienséance, et sans le moindre enthousiasme. Et cependant la fille des rois se réveillait parfois en elle, lorsque, par exemple, au début de son mariage, l'impératrice lui promit, sur un ton de bonté légèrement protectrice, qu'elle s'habituerait vite à la cour : « Je suis, madame, toute rassurée, reprenait-elle, et habituée depuis ma naissance à celle de mon père. »

On passait à Fontainebleau les mois de juin et juillet ; on s'y amusait de façon fort variée. Grand dîner tous les soirs ; charades, comédies organisées par Mérimée, Octave Feuillet, le marquis de Massa, Viollet-le-Duc, le baron Lambert, petits jeux, excursions, loteries gratuites se succèdent sans trêve, au point de mettre sur les dents les invités, ceux surtout que guettent leurs nerfs, la migraine ou les courbatures. Mais ce ne sont pas là les *grandes nuits* de la duchesse du Maine ; on ne rame point sur les galères du bel esprit, et les plaisirs sportifs alternent avec les distractions intellectuelles.

Autres jeux plus ou moins à la mode dans ce cénacle : les *Portraits*, où chacun devait tracer une esquisse impersonnelle d'un personnage historique, voire d'une personne présente, les *Bougies*, les jeux du *Coq*, des *Quatre Mouchoirs*, de la *Cuvette*, le *Chat et la Souris*, l'*Avocat*, le *Cheval fondu*, *Saute-mouton*, *Cache-cache*, les *Petits Papiers*. Voici comment on opère pour ceux-ci :

Les noms des invités sont inscrits sur des carnets de papier, ensuite mêlés dans un sac de velours que la plus jeune femme de la compagnie présente à l'impératrice. Celle-ci tire un des papiers, et la personne désignée par le sort doit conter une chose absolument inédite. Il paraît, qu'au moment du tirage, les visages étaient à peindre, exprimant toutes les gammes de l'angoisse ou de la malice, et que c'était le pays des surprises, des gens presque inconnus conquérant d'emblée leur réputation d'improvisateurs spirituels, et *vice versa*.

Un jeu apprécié en 1858 à la Cour : choisir un nom d'arbre, et quand on jette un mouchoir à cet arbre, celui-ci est obligé de répondre par un proverbe. L'Impératrice étant à court, demande à Nieuwerkerke de lui rappeler des proverbes ; il indique celui-ci :

> L'amour est un joli métier,
> On peut le faire sans soulier.

L'Impératrice déclare qu'elle n'osera jamais le répéter; toutefois, quelques instants après, comme on
lui lançait le mouchoir, elle dit en minaudant, d'un
air embarrassé :

> Je connais un métier
> Qu'on peut faire sans soulier.

Ce fut un rire général.

L'Impératrice et ses amies aiment les propos spiri-
tuellement anacréontiques, et l'on m'a dit qu'elles
s'esclaffèrent au récit du pari d'Auber avec Gramont-
Caderousse : celui-ci voulant à toute force le faire
souper avec sa bande joyeuse au Grand Seize, le com-
positeur refusant pour festoyer en tête à tête intime
avec une jeune cantatrice sa compagne, pariant vingt
francs qu'il n'aurait pas commandé pour rien un cabinet particulier, bien qu'il marchât, très à contre-cœur,
vers le *neuf fois dix* de son âge, pour parler comme
d'Urfé dans l'*Astrée*, — et le lendemain, lançant à
Caderousse une dépêche ainsi conçue : « Envoyez-
moi dix francs ! »

Mérimée apporte sa note humoristique
sur LES FONTAINEBLEAU (*1860*).

— « Il y a des rochers et des bruyères qui auraient
leur mérite si l'on s'y promenait en tête à tête, en
causant de toutes sortes de choses, comme nous savons
faire ; mais nous allons en longue file de chars à bancs,
où l'on n'est pas toujours très bien appareillé pour
l'amusement réciproque. Il n'y a pas, d'ailleurs, de
république où l'on soit plus libre, ni de châtelains et

de châtelaines plus aimables pour leurs hôtes. Avec tout cela, les journées ont vingt-quatre heures, dont on passe au moins quatre en pantalon collant, ce qui semble un peu dur dans ce pays de mollesse et de mauvaises habitudes... La grande et principale occupation, c'est de boire, manger, et dormir. Je réussis aux deux premières, mais très mal à la dernière... Nous avons ici quantité de monde assez bien assorti, ce me semble, beaucoup moins officiel que d'ordinaire; ce qui ne nuit pas à l'entente cordiale entre les invités. On fait de temps en temps des promenades à pied dans le bois, après avoir dîné sur l'herbe comme les bonnetiers de la rue Saint-Denis... »

On joue aussi à la dictée, et Mérimée met à la mode ce sport littéraire avec un devoir où il s'est complu à accumuler les difficultés; les plus ferrés sur l'orthographe commirent plusieurs fautes. J'ai retrouvé cette dictée dans les *Sourires littéraires* d'un fin lettré, M. Léo Claretie. L'Impératrice, à l'encontre de certaines dames plus savantes et moins présomptueuses, déclarait qu'on sait l'orthographe de naissance. Mérimée lui proposa une expérience, chaque membre du cercle s'arma d'une feuille de papier, d'un crayon; Mérimée dicta, et les méchantes langues affirmèrent que l'Empereur fit quarante cinq fautes, l'Impératrice davantage; d'ailleurs personne ne se tira sans plusieurs coquilles de ce labyrinthe, ou plutôt de ce casse-tête littéraire. Le voici :

« Pour parler sans ambiguïté, ce dîner à Sainte-Adresse près du Havre, malgré les effluves embaumés de la mer, malgré les vins de très bons crus, les cuisseaux de veau et les cuissots de chevreuil prodigués par l'amphitryon, fut un vrai guêpier.

Quelles que soient, quelque exiguës qu'aient pu paraître, à côté de la somme due, les arrhes qu'étaient censés avoir données la douairière et le marguillier, il était infâme d'en vouloir pour cela à ces fusiliers jumeaux et mal bâtis, et de leur infliger une râclée, alors qu'ils ne songeaient qu'à prendre des rafraîchissements avec leurs coreligionnaires.

Quoi qu'il en soit, c'est bien à tort que la douairière, par un contresens exorbitant, s'est laissé entraîner à prendre un râteau, et qu'elle s'est crue obligée de frapper l'exigeant marguillier sur son omoplate vieillie.

Deux alvéoles furent brisés, une dysenterie se déclara, suivie d'une phtisie.

« Par Saint Martin, quelle hémorragie ! » s'écria ce bélître. A cet événement, saisissant son goupillon, ridicule excédent de bagage, il la poursuit dans l'église tout entière. »

Les *Compiègnes* comportent quatre, parfois cinq séries de six jours chacune. Une série comprend quatre-vingts, quatre-vingt dix personnes, et comme on pense, en faire partie excite force convoitises et intrigues, donne lieu à une sélection sévère, le dernier mot appartenant à l'Impératrice. C'était là une opération fort délicate, qu'Augustin Filon compare à la préparation d'un pudding anglais de Christmas, où il fallait composer une symphonie intellectuelle et sociale, où s'amalgamaient grands seigneurs, grandes dames, brillants cosmopolites, hommes d'Etat, femmes à la mode, membres de l'Institut, artistes et écrivains célèbres. Les ministres eux aussi, proposaient des candidats, et Victor Duruy compléta ainsi le signalement d'un professeur en Sorbonne, très goûté par le public féminin : « Enormément de talent ; de l'esprit à faire peur. Voudrait bien prendre ma place. » On se montrait fort large, au point d'aller chercher ceux mêmes qui n'avaient pas encore fait preuve de talent, mais promettaient d'en avoir ; ainsi, en 1868, les deux premiers des anciens à l'Ecole Polytechnique parurent à Compiègne, avec les deux chefs de section de troisième à l'Ecole Normale; mon condisciple Alfred Croiset, aujourd'hui doyen de la Faculté des Lettres, était un des élus. *Nota Bene* : Défense absolue d'offrir une gratification quelconque aux gens du château, défense rigoureuse à ceux-ci de l'accepter. »

Sainte-Beuve alla en 1863 à Compiègne : sa réputation de galanterie fit dire à Nieuwerkerke, un jour qu'il s'était éclipsé pour visiter les monuments de la ville, et qu'on le cherchait pour l'emmener à Pierrefonds : « Sainte-Beuve trouve sans doute qu'il n'y a pas assez de femmes au château; il est allé en chercher en ville. » L'Impératrice amena un jour l'auteur de *Joseph Delorme* sur le terrain de la poésie, et parla de Victor Hugo avec un enthousiasme qui constituait une faute de tact, puisque personne n'ignorait l'hostilité violente du poète des *Châtiments*. Cela vint au point, qu'à sa prière, Sainte-Beuve entreprit galamment de lui réciter la pièce qui commence par ce vers :

Madame, autour de vous tant de grâce étincelle...

Le jour de son arrivée, Sainte-Beuve voit s'avancer mademoiselle de Heeckeren qui, selon le cérémonial consacré, lui demande, avec le plus joli sourire du monde : « Monsieur Sainte-Beuve, voulez-vous me mener dîner demain ? » Voilà mon homme abasourdi, il n'en peut croire ses oreilles, se figure être en présence d'une fantaisie de grande dame, rêve à la difficulté de dénicher dans Compiègne un cabaret décent

et mystérieux, consulte enfin la princesse Mathilde
qui lui explique en riant les rites des dîners de Compiègne, où les dames convient ceux qui les conduiront
au salon à manger.

Les grands officiers de la cour sont invités pour deux
séries. Les quatre séries de 1856 reçurent des sur-
noms : l'*Espagnole*, celle où la coterie espagnole do-
minait ; la seconde, le *Camp des bourgeoises ;* la troisième, l'*aristocratique ;* la quatrième, les *inévitables,*
se composant des personnes qu'on invitait pour l'étiquette plutôt que pour leur charme personnel. Les
dames se plaignent bien un peu qu'on change trop de
toilettes, qu'on réalise en toute vérité la définition
satirique : un être qui s'habille, babille, se déshabille ;
les hommes ne s'en plaignent pas, sauf toutefois les
maris qui paient les notes des couturières. Et *la dou-*
loureuse méritait pleinement ce nom, les toilettes fé-
minines pour une série nécessitant un crédit de
7 à 8.000 francs.

Les séries de Compiègne constituent une innova-
tion originale qui honore les souverains ; elles prou-
vent qu'ils voulaient *l'Empire ouvert, et non l'Empire*
fermé. Ils convient à la fois *les situations acquises* et
les *situations conquises.* Entre les uns et les autres il
n'y a qu'une différence de date ; les unes sont du
capital accumulé, les autres du capital en voie de formation et d'accroissement. On a très bien dit que le
mot de parvenu n'a plus le même sens qu'autrefois ;
on ne peut le donner maintenant qu'à ceux qui ne sont
pas au niveau de leur position. Le revers de la médaille, pour les séries, fut de froisser bien des amours-
propres qui cherchèrent à se venger. E. Pinard parle
d'un concert de Troplong, célébré tout au long dans
un journal ; la soirée n'avait pas eu lieu, elle était re-

tardée. De même, paraît-il, pour certaines légendes de Compiègne, qui·se colportaient dans les salons de l'opposition, même avant l'arrivée des invités.

En dehors des séries, les causeurs habituels 'de la Cour étaient : mesdames de Saulcy, de Sancy, de Contades, de Labédoyère, Anatole Bartholoni, M.M. Drouyn de Luys, Mérimée, Octave Feuillet, le Maréchal Vaillant, le baron Tristan Lambert, le Marquis de Massa, Augustin Filon, le Marquis de Galliffet, le duc de Morny, Edouard Delessert. Le Comte Tascher de la Pagerie réglait le protocole des fêtes, *le département des niaiseries*, d'une importance capitale ; car les riens, les *pétoffes* amusent l'immense majorité, et le sublime continu ennuie.

La note comique et anecdotique ne pouvait faire défaut. C'est Madame Magnan, ravie d'être désignée pour jouer un rôle dans un tableau vivant, qui télégraphie à son mari : « Commandez-moi vite un costume chez Worth ; c'est moi qui fais l'Amour. » C'est Auber répondant à l'Impératrice, qui lui demande s'il n'a jamais regretté de ne s'être point marié : « Jamais, Madame, et je le regrette d'autant moins maintenant, que madame Auber aurait tout près de quatre-vingts ans. » C'est madame Carette faisant un tour de valse, pendant le cotillon, en 1867, avec Bismarck à qui elle avait offert le bouquet de roses sacramentel, et celui-ci, après la danse, présentant un bouton de rose artificiel qui ornait le revers de son habit, avec ces mots : « Daignez, Madame, le conserver en souvenir du dernier tour de valse que j'aurai fait dans ma vie, et que je n'oublierai pas. » C'est la comtesse de Montebello interrompant Mérimée au milieu d'une lecture, pour s'écrier : «'Mon Dieu, quel malheur ! J'ai oublié de manger du fromage au dîner, et j'en ai une envie

folle ! » Mérimée ne pardonna point cette incartade.
— C'est la requête d'une dame suppliant l'Empereur
de figurer à son concert, d'y dire une ariette, un rien ;
« ce *serait la fortune.* » — C'est le maréchal Vaillant
déclarant à madame de Vatry qu'il ne pouvait la regarder sans penser à *Minerve aux yeux de vache*, et
ce compliment, daté d'Homère, ne plut pas, d'abord, à
la Baronne. C'est le cor de Vivier, mystificateur et
calembouriste impénitent ; l'Empereur lui ayant dit
qu'il tirait de son cor tout ce qu'il voulait, ce grand
gavroche ne put se tenir de répliquer : « Je puis
même le déposer aux pieds de Votre Majesté. » —
C'est Mérimée qui, à Biarritz, en 1865, fait sur un
morceau de carton le portrait de Bismarck, fourre le
dit portrait dans le lit de madame de Labédoyère,
insinue à celle-ci que le ministre prussien est fort en-
treprenant, si bien que le soir elle accourt chez madame de Lourmel, en criant : « Ma chère, il y a un
homme dans mon lit ! » et cela finit par le rire inextinguible des dieux d'Homère. — C'est l'historiette du
faux billet de mille francs que l'Impératrice remet à
l'Empereur pour lui faire une farce : il le donne à un
quémandeur qu'on arrête quand il veut le changer, qui
invoque son origine, et l'enquête révèle le petit mystère. Napoléon III fut toujours généreux à l'excès : on
le savait, grands et petits en abusèrent.

Le mot prêté par un facétieux journaliste au Baron
de Rothschild, qui reçut l'Empereur à Ferrières : « *Le
Mémoire* nous en sera cher. »

Une jeune femme, prenant la chambre de Pasteur
dans une nouvelle série, se vit, pendant la nuit, entourée d'une légion de grenouilles que l'Impératrice
avait fait mettre dans un sac, oublié et mal fermé,
pour faciliter une expérience du savant ; les grenouil-

les, attirées par la chaleur, sortirent du sac, se répandirent autour du lit, et causèrent l'impression qu'on devine à la belle. Le peintre Couture, à qui l'Impératrice demanda le lendemain de son arrivée, comment il se trouvait installé, répondit avec un sans-gêne qui fut très commenté : « Je me trouve d'autant mieux, Madame, que ma chambre me rappelle la mansarde où j'ai fait mes débuts artistiques. »

L'Empereur ayant dit à Nadaud : « Je veux que vous soyez ici comme chez vous, » le chansonnier répliquait avec une bonhomie naïve, ou jouée : « Ma foi, Sire, j'avouerai à Votre Majesté qu'en venant ici j'espérais me trouver mieux que chez moi. »

La comtesse de Pourtalès m'a conté qu'à un lundi de l'Impératrice, une de ses amies, voyant la souveraine entre deux de ses admirateurs, Nigra et Metternich qui prenaient des attitudes de mourants, avait chuchoté à son oreille : « C'est le Christ entre les deux larrons. »

Succès de rire pour un des familiers qui communique *aux lundistes* de Sa Majesté cette épitaphe d'un viveur écrite avec des rimes chiffrées :

Ici repose Adolphe, admiré d'un chac... 1
Il eut des ennemis, mais il triompha... 2
En Champagne il naquit, près la ville de... 3
Pour ses amis son cœur se serait mis en... 4
Des maîtresses il avait à la fois jusqu'à... 5
Privilège accordé au seul berger Tir... 6
Mais pour avoir souvent passé douze, *hic ja*... 7
Il mourut en décembre, et de ce mois le... 8
Otrante en Italie, en un tombeau tout... 9
Contient sa cendre. Amis, chantons *De profun*... 10

Une autre drôlerie qui valut à son narrateur maint

bravo dans l'entourage impérial. Un bal costumé en
1860 : une grande dame costumée en ange extermina-
teur, tenant à la main une épée flamboyante, jupe
taillée à la dernière mode du royaume des cieux ;
fendue de côté comme on les porte là-haut. L'ange
ayant voulu poser ses ailes sur un canapé, l'une de
celle-ci se détache : brusque mouvement de la dame
pour réparer l'avarie, jupe subitement indiscrète,
Confession audacieuse d'un spectateur : « J'aime
mieux la cuisse que l'aile. »

Et *le petit pruneau !* Madame de Labédoyère,
voyant entrer madame Rouher, petite et très brune,
demande étourdiment à quelques amis : « Quel est
donc ce petit pruneau ? — Rouher s'incline, répond en
souriant : « Madame, c'est ma femme » (elle paraissait pour la première fois à la cour). Madame de Labédoyère, désolée, s'excuse, s'éloigne, rejoint un
autre groupe, conte sa mésaventure, sa question. Et
voilà qu'elle entend de nouveau retentir la voix de
Rouher : « Et j'ai eu l'honneur, Madame, de vous répondre : C'est ma femme. » — Rouher s'était faufilé
derrière elle pour jouir de son embarras. Mais elle se
ressaisit, et reprit avec à propos : « Eh bien, je ne
m'en dédis pas, les pruneaux ont du bon ! »

Au théâtre de Compiègne, règne une sévère étiquette du costume : la gaze la plus diaphane rigou-
reusement proscrite, les épaules et les bras dans leur
nudité, parfois désolante. Uniformes dorés sur tran-
ches, ou femmes en toilettes de bal, pas de milieu à
ces représentations. *L'épaule ou l'épaulette*, tel est le
mot d'ordre inexorable.

Un déjeuner champêtre dans la *forêt-pieuvre*,
comme l'appelle un invité qui l'a parcourue plus
qu'il n'eût voulu.

L'Impératrice s'assied sur un rocher plat, invite Octave Feuillet à prendre place sur un rocher en face d'elle, à deux pieds de distance : « Madame, dit-il, je ne pourrai jamais manger si près de l'Impératrice ». Il faut obéir cependant, et au fond la pénitence est douce; mais l'épreuve réelle commence lorsque, le repas terminé, l'Impératrice indique une colline, surplombée de rocs assez éloignés, qu'elle prétend escalader. Broussailles, houx, genévriers épineux, chaleur accablante, rien ne l'arrête, et les invités la suivent mélancoliquement. Heureux encore lorsque le ciel se met de la partie ! On n'a pas toujours un temps de demoiselle, et certaines escalades accomplies au milieu d'un déluge, chapeaux changés en gouttières, bottines en galoches fangeuses, gants en marmelade, laissent à notre écrivain de cuisants souvenirs. « Je nageais dans mes bottines, et, tout en prêtant la main à cette belle impératrice, j'étais un peu tenté de ne pas la trouver aussi belle qu'à l'ordinaire. » N'en croyez rien : je me suis laissé conter qu'Octave Feuillet longtemps, longtemps soupira, dans le secret de son âme, pour sa souveraine, que madame Octave Feuillet s'en aperçut, fut très marrie de ce flirt innocent; une de mes amies recevait ses doléances. Et ce n'est pas seulement madame Feuillet qui devina, car un quatrain révéla ce rêve sentimental, avec des commentaires qui défiguraient la chaste vérité. Je n'ai retenu que ces deux vers :

> Une haute vertu a baissé d'une *octave*,
> Une charmante main a tourné le *feuillet*.

Passant une après-midi dans la cour des Fontaines, Octave Feuillet aperçoit l'Empereur auprès de huit pompes qu'il a fait installer, et qui l'intéressent tant, qu'il se met à pomper ; et l'Impératrice, l'entourage, de l'imiter, afin de remplir le bassin qui est au-dessous. « J'ai pompé comme les autres, et j'avais du mérite, car je commençais un rhume, et ces pompes bavaient fort. On pompait sur ses pieds, sur ses mains, sur son rhume, n'importe, on pompait toujours. Voilà les pompes de la cour. » Du coup Sa Majesté se met en retard pour le dîner, et paie l'amende de cinquante centimes infligée aux personnes inexactes.

Admirons ici la magie de la beauté multipliée par la toute-puissance.

Nisard lui-même, le sévère Nisard déifie cette rayonnante impératrice : il ne lui manque plus que de la comparer pour l'esprit à madame de Staël et à madame de Girardin ; un courtisan du Roi-Soleil eût à peine été plus hyperbolique.

Pendant une course de l'impératrice venue à Pierrefonds afin d'arrêter la décoration de la salle des Armures, Viollet-le-Duc pria Sa Majesté de l'autoriser à donner ses traits et ceux des dames qui l'accompagnaient aux statues des neuf preuses qui devaient occuper les niches vides du fronton de la cheminée. L'impératrice y consentit, et chacune de ces dames eût ainsi sa statue. C'était, avec Sa Majesté : la Princesse Anna Murat, la duchesse de Malakoff, la Maréchale Canrobert, la duchesse de Bassano, la duchesse de Cadore, madame de la Poëze, madame de Pierres et madame Carette. L'année suivante, en retournant à Pierrefonds, elles purent contempler leur image installée dans des niches. Cette galanterie sculptée établit singulièrement à la cour le crédit de Viollet-le-Duc, qui fit partie de toutes les séries. Courtisan zélé avant 1870, il devint après 1870 le candidat et l'élu

du parti radical pour le Conseil Municipal de Paris.
Aussi habile à se pousser que grand artiste, il tenta
de justifier sa palinodie, en alléguant qu'il avait toujours été un indépendant. Et les fidèles de remarquer
qu'il pratiquait surtout l'indépendance du cœur. Ami
de la veille en 1866, nullement ami du lendemain.

Un aventurier, un charlatan qui fut quelque temps
à la mode, c'est le spirite Home, ou Hume, une sorte
de Cagliostro, de Donato, de Robert Houdin, qui se
disait américain, que d'aucuns crurent agent secret
du cabinet de Berlin, et qui inquiéta un instant les
ministres de l'empereur (1858). Les caillettes de l'entourage impérial *communiaient en Hume*, les salons
se l'arrachaient, et certaines prophéties ou apparitions
du prétendu voyant, semblent avoir troublé un peu
plus que de raison les hôtes des Tuileries. Tant et si
bien, que la presse française et étrangère commenta
avec sévérité ce fâcheux engouement. Est-il besoin
d'ajouter que le magicien n'opérait point quand il se
trouvait en face de personnes incrédules, que sa mé-
diumnité, comme celle de tous les médiums passés et
présents, eut besoin de foi préalable et d'obscurité
pour faire tourner les tables, envoler les candélabres,
entendre les musiques mystiques? Il prétendait tenir
le don de seconde vue de sa mère qui avait été *médium*
comme lui. Fort sagement, le Père de Ravignan in-
terdisait toute communication avec Hume à ses caté-
chumènes, qui lui obéirent assez mal.

Un jour l'Empereur convie Alfred Maury, bibliothécaire aux Tuileries, à une séance de Hume. Maury
prend place autour de la table, on éteint presque toutes les lumières, la table s'agite, les dames protestent
qu'elles sentent des contacts insolites, des battements
d'ailes. Flairant quelque supercherie, le savant glisse

sa main sous la table, saisit un pied nu, qui se retire vivement. La séance finie, on éclaire le salon, chacun admire ou feint d'admirer, et Maury, bon observateur, remarque que Hume est chaussé de bas de soie avec des petits escarpins. Plus de doute : les longues jambes, le pied, ont fait l'office des esprits. « Et vous n'avez rien dit? questionnait le docteur Azam, lorsque Maury lui conta l'aventure. — Non certes, on m'aurait mis à la porte. » Il ne fallut rien moins que l'intervention énergique du comte Walewski pour se débarrasser de l'aventurier ; il fut envoyé à Mazas, puis expulsé de France, pour éviter les débats d'un procès qui aurait donné du ridicule à maint personnage. Non content de faire parler les esprits sur les affaires privées de ses clients, Hume se mêlait de vaticiner sur les affaires politiques, et, à tous égards, sa valeur morale laissait fort à désirer. L'histoire des engouements chez les peuples, les princes et les particuliers, ne cessera de s'agrémenter de nouveaux chapitres [1].

Le boute-en-train des petites fêtes de la cour, son enfant gâtée, et parfois son enfant terrible, c'est la princesse Pauline de Metternich, née Sandor : elle s'impose par sa gaieté originale, ses inventions plaisantes, autant que par son nom, ses réceptions et son rang. Comment se passer d'un tel impresario, qui communique à tous sa dévorante activité, confère avec les auteurs, fait répéter, accepte les rôles les plus hardis ? Elle vient un jour trouver Octave Feuillet : il lui faut une charade pour la fête de l'impératrice ; le mot sera *anniversaire*. Première syllabe : ma sœur

---

1. Voir dans la *Revue des Deux-Mondes* de 1922 les belles études de M. Nordmann sur l'ectoplasme.

Anne, le conte de Barbe-Bleue. Seconde syllabe : hiver ; M. de Galliffet tombera sur la glace et ne pourra se relever ; pour la fin, serre et anniversaire confondus. La princesse présentera un bouquet de fleurs animées à l'impératrice, en détaillant trois couplets dont le prince écrira la musique.

— Et qui fera les vers ?

— Vous, monsieur Feuillet.

Et M. Feuillet obéit.

La scène finale des fleurs animées est précédée de tableaux vivants arrangés par Hébert ; 1° la *Toilette d'Esther*, avec la princesse Anna Murat et le prince de Metternich ; 2° la *Cruche cassée*, par madame de Galliffet ; 3° le tableau d'*Herculanum*, avec madame Walewska, personnage principal, et Félicien David chantant sur l'orgue dans la coulisse ; 4° *Diane entourée de ses nymphes, et surprise par Actéon*. Trois piqueurs sonnent de la trompe derrière le théâtre pendant le tableau.

Pour relever un peu la banalité des fleurs animées, on a mis en contraste un groupe d'hommes affublés de fleurs ridicules. La princesse vient choisir un bouquet dans la serre d'Octave Feuillet, grimé en vieux bonhomme poudré à blanc, et orné de fleurs : il découvre d'abord le paravent des hommes, succès de rire ; puis celui des dames, succès d'admiration. Le coquelicot était madame Lehon ; la marguerite, madame de Vatry ; madame de Persigny en bluet des pieds à la tête : *lady Persington*, comme on la surnommait à cause de son anglomanie.

Pour remercier madame Carette (alors jeune fille) d'avoir consenti à figurer dans ces tableaux, Octave Feuillet lui donna son portrait, au-dessous duquel il inscrivit ce quatrain :

Si dans l'ombre des bois vous passiez à minuit,
Tous les oiseaux chanteurs, qui sommeillent la nuit,
Attendant le retour de l'aurore immortelle,
S'éveilleraient joyeux en se disant : « C'est elle ! »

Pour le théâtre privé de l'Impératrice, Octave Feuillet écrivit les *Portraits de la Marquise*, représentés à Compiègne le 13 novembre 1859. L'Impératrice y jouait elle-même un rôle, le seul qu'elle ait jamais accepté, et elle s'en acquitta médiocrement. « Pauvre princesse, disait Garat, parlant de Marie-Antoinette après la Terreur ; elle chantait si faux ! » Elle chantait et jouait mal. Deux autres interprètes des *Portraits de la Marquise*, furent le comte de Talleyrand et le comte d'Andlau.

C'est pour ce même théâtre que le marquis de Massa composa, en 1865, les *Commentaires de César*; le premier volume de l'ouvrage de Napoléon III venait de paraître, et le titre s'imposait. Trente rôles : principales actrices, la princesse de Metternich, la comtesse de Pourtalès, la marquise de Galliffet, la baronne de Poilly, madame Anatole Bartholoni. Comme compère le baron Lambert; comme régisseur et souffleur Edmond Davillier, Viollet-le-Duc. Parmi les clous du premier acte, on bissait la parodie d'un mulet rétif, présenté tous les soirs au cirque des Champs-Élysées, avec une prime de 100 francs pour le spectateur qui parviendrait à le monter : deux amis du prince impérial, Conneau et Pierre de Bourgoing, soutenant la carcasse de carton, figuraient le train de devant et le train de derrière. La princesse de Metternich jouait plusieurs rôles, celui de la *Chanson* entre autres; occasion toute naturelle de célébrer le courage de l'impératrice pendant l'épidémie d'Amiens : dialogue et couplets sont d'un tour aimable. Une rencontre des escadres anglaise et française dans la baie de Plymouth, avait fourni le thème d'un tableau allégorique au second acte. Pendant un entr'acte, l'empereur, entrant dans le salon-foyer pour complimenter auteur et acteurs, remarque un jeune soldat de ligne, en tenue de route, fusil à la main, causant avec un invalide médaillé de Sainte-Hélène.

— Qu'est-ce, demande-t-il au marquis de Massa ?

— Un homme de troupe et un invalide que j'ai été autorisé à employer pour personnages muets. Ils arrivent de Paris.

— A-t-on eu soin de les faire dîner, au moins ?

— Je le pense, sire.

Napoléon s'approche du fantassin qui se retourne selon les principes, et salue militairement.

— Oh ! oh ! Galliffet, s'exclame joyeusement l'empereur. Et celui-ci ? dit-il en frappant sur l'épaule l'invalide toujours immobile, qui alors seulement fait demi-tour de son côté. — Oh ! oh ! Mellinet ! Deux glorieux blessés, ajoute-t-il, en leur serrant la main.

Puis se tournant vers l'auteur de la revue :

— Je vous fais mon compliment. Vous choisissez bien vos comparses.

Un autre comparse, c'était le prince impérial, en uniforme de grenadier, et personnifiant l'avenir. Quel avenir ! Plus tard, en 1870, il jouait *la Grammaire*, de Labiche, avec cinq de ses amis, sur un théâtre installé au pavillon de Flore : la fête finit par un souper que l'empereur présida lui-même, jouant avec les enfants, gai de leur gaieté. Les destins étaient proches, le secret de l'Empire allait se divulguer.

Dans tous les pays, sous toutes les latitudes, chefs et dynastes ont voulu avoir une cour, qui représente, si j'ose dire, leur puissance en miniature, et de celle-ci donne la sensation directe. La cour, chose complexe, protéenne, aux incarnations aussi nombreuses que celles du dieu Brahma, existe chez les peuplades sauvages comme chez les nations civilisées, dans les monarchies comme dans les républiques aristocratiques, et même dans les républiques démocratiques ; elle date presque du commencement du monde, du jour où il y eut des hommes puissants, et auprès d'eux des hommes faibles, disposés à leur obéir, à leur prodiguer l'encens. Tantôt elle est ce qu'est le chef, et tantôt elle l'asservit, en vertu de cette force mystérieuse de l'étiquette ; le plus souvent elle semble le miroir de la nation, et parfois elle lui est comme étrangère : ici le cérémonial se complique infiniment, là il se restreint. Dans certaines cours, il se mêle en quelque sorte à la religion, prend un air sacerdotal et liturgique ; celles-ci ont un appareil féodal et guerrier, les femmes en sont absentes ; celles-là leur font une part très large, les femmes y gouvernent à découvert. Il est des cours qui ressemblent à un camp, d'autres à un salon de bonne compagnie, d'autres à un couvent, à un tribunal ; il y en a où l'on s'amuse, il y en a où l'on s'ennuie à périr : telle cette cour d'Espagne au xviie siècle, où l'ennui était si épais, si pesant, qu'on croyait le toucher, le respirer, et qu'il suffisait de venir en ce pays pour n'avoir plus envie d'y bâtir des châteaux. La cour des Tuileries, de 1852 à 1870, est une cour aimable, d'une gaieté un peu bruyante, moins savamment ordonnée que celle de l'ancienne monarchie, moins gourmée, plus attrayante, aussi morale que celle de Napoléon Ier. Entre elle et la cour de la Restauration, de la Monarchie de Juillet, il existe des différences assez profondes ; dans celle de la Restauration, la femme, la reine est comme absente ; celle de Louis-Philippe est plus familiale, plus austère aussi. La démocratie frappe à la cour de Napoléon III, l'exotisme y pénètre triomphant ; on y respire un air d'improvisation, de laisser-aller cosmopolite, on s'y préoccupe plus du fond que du protocole et des bienséances. D'ailleurs l'épithète de cour *fin de siècle* serait trop sévère, et, à tout prendre, avec ses grâces et ses lacunes, ses vertus et ses défauts, elle en vaut une autre, et remplit largement cette mission sociale qui consiste à répandre l'élégance, le luxe, à créer du bonheur et de la beauté. Le monde après tout n'est ni un couvent ni un portique glacé, et j'imagine qu'il a raison contre ses détracteurs : il est jeunesse, mouvement, bruit, et comme le sage antique, remet à demain les affaires sérieuses. Peut-être le *Mané Thécel Pharès* du prophète, du philosophe, a-t-il tort, car il ne se réalise pas tout de suite, et l'on peut discuter sur la qualité du plaisir, sur la morale mondaine et la morale sans épithète. Chacun se fait lui-même ses dieux, les années coulent, la conception du bonheur varie à l'infini, ce qu'on sent reste toujours plus fort que ce qu'on sait, et l'on peut consacrer à ses plaisirs tout le temps qu'ils réclament, pourvu qu'on accorde à ses devoirs celui qu'ils nous laissent.

CHAPITRE IV

HISTORIETTES SUR LE MONDE OFFICIEL DU SECOND EMPIRE

« Voyez-vous, me dit Louis Estancelin, ce brillant
mousquetaire du parti orléaniste, l'anecdote n'est pas
ce qu'un vain peuple pense, ni même ce qu'un bel esprit a, plus ou moins sincèrement, défini : la boutique
à treize sous de l'histoire. Elle est cela, et elle est
bien autre chose, selon le goût, la tournure d'esprit
du conteur, le genre dont elle relève. Elle peut avoir
le relief, la profondeur, l'originalité, éveiller en nous
un monde de pensées et de comparaisons ; elle devient
tour à tour photographie, tableau, aquarelle, carica-
ture, peint, sculpte, déforme, agrandit, rapetisse, em-
bellit, enlaidit la personne ou le fait qu'elle vise ;
Protée de la pensée, tantôt phare et tantôt lanterne
sourde, faisant souvent la lumière et parfois l'obscu-
curité, arme de l'éloge et de l'admiration, de la calomnie et de l'envie ; montant au ciel avec tel brillant
causeur, se traînant dans les banalités du terre-à terre
avec les philistins. Oui, mon jeune ami, — il me ser-

vit cette apologie il y a environ trente-cinq ans, —
je pense là-dessus comme Chamfort et Mérimée qui
n'aimaient de l'histoire que les anecdotes, y décou-
vraient le suc médullaire, la moelle substantifique et
la quintessence de Clio, pour parler le langage de
Rabelais. » Partant de ces prémisses, le charmant causeur défila un charmant chapelet d'anecdotes évocatri-
ces sur les hommes du second Empire, sur ses propres
coreligionnaires politiques et ses très chers princes,
— qui aime bien châtie bien — dont il gourmandait
la mollesse, le défaut d'initiative, tout en émaillant
sa causerie de réflexions humoristiques, de mots très
personnels. Combien je regrette de n'avoir noté qu'en
partie ces historiettes savoureuses, ces critiques aussi
inutilement justes que les conseils de la prophétesse
Cassandre!

Oui, l'anecdote a tous les prestiges, tous les agré-
ments que lui trouvait cet ami dont l'acte de naissance
semblait un faux perpétuel contre la jeunesse de l'être
physique et moral; elle donne l'esprit de concision et
rend les plus rares services. Ne résume-t-elle pas en
quelques lignes une discussion qui menace de s'éga-
rer dans le maquis dédalien des généralités nébuleu-
ses ? Ne devient-elle pas, à certains moments, un mot,
une définition, un précepte, un exemple, un argument,
et n'emprunte-t-elle pas à toutes ces forces quelque
chose de leur magnétisme, comme l'abeille diligente
qui revient à la ruche chargée du pollen des fleurs de
la prairie, comme ces fleuves qui se dirigent vers l'O-
céan, grossis, chemin faisant, par une multitude de
ruisseaux et rivières qui contribuent à sa beauté, à sa
fécondité ? Une anecdote bien placée ne vaut-elle pas
certains livres ? A vrai dire, il y a des livres qui ne
sont qu'une anecdote délayée en trois ou quatre cents

pages. D'autre part, quantité de gestes, de sourires, de silences, sont d'éloquentes anecdotes.

Donc l'anecdote est, par excellence, l'artillerie de la conversation, sa joie, sa poésie, son ultime ressource dans les cas désespérés. Elle joue aussi le rôle de l'aiguille qui fait courir le fil à travers le vêtement des faits; ou bien encore la lampe qui dirige le lecteur au milieu du chaos historique, découvrant les perles, les diamants cachés dans les profondeurs de la montagne sacrée. Auprès de la grande histoire, elle fait penser aux toiles des Téniers, Van Miéris, la Tour, Meissonnier, comparées aux vastes compositions d'un Van der Helst, d'un Titien, d'un Michel-Ange, d'un Puvis de Chavannes. Elle possède toutes les grâces, toutes les énergies, toutes les faiblesses aussi des mots d'esprit, des mots de situation qui font balle dans la pensée ou ne prétendent qu'à l'amuser un instant. Comment oublier que des mots ont fondé de grandes fortunes, que d'autres ont ruiné leurs auteurs, déchaîné la haine, le meurtre, la guerre?

N'est-il pas vrai, que certains mots, résument, condensent, formulent un sentiment national une chimère universelle, une mode, un caractère une situation, une vie, une époque, une crise de l'humanité? Ils servent de drapeaux, de symboles, sont représentatifs comme les grands hommes que célèbre Carlyle. Les foules, qui n'ont pas le temps de distinguer, prennent toutes brûlantes en quelque sorte les paroles d'un ennemi ou d'un ami, et avec elles jugent, condamnent ou élèvent sur le pavois : elles renouvellent le sacrifice du bouc émissaire, aussi facilement que les justes ou injustes apothéoses. Combien, après cette exclamation de Barnave : « Vous distribuez au peuple du pain empoisonné ! » crurent qu'il accusait

Malouet et son parti autrement qu'au figuré ! Combien, après les imprécations d'Isnard, pensèrent que les Girondins, en 1793, rêvaient de détruire Paris, de démembrer la France ! Encore aujourd'hui n'entend-on pas rossasser contre la Restauration le cliché *des fourgons de l'étranger*, résumer la politique de la Monarchie de Juillet dans ce conseil de M. Guizot : « Enrichissez-vous ! » ou dans cette niaiserie d'un poète qui se dépitait de n'être pas ministre : « La France s'ennuie ! » Et de Jules Favre la foule retiendra-t-elle autre chose que son fameux serment de ne céder à la Prusse ni *une pierre de nos forteresses*, ni *un pouce de notre territoire* ?[1] Et le *Cœur léger* d'Emile Ollivier ? Et tant d'autres retentissantes affirmations, conduisant à des calvaires plus souvent qu'à des arcs de triomphe !

Il y aura donc, dans ce chapitre et dans le suivant, beaucoup d'anecdotes que m'ont fournies mes lectures ou mes conversations [2]. Lucioles douces aux

---

1. Jules Favre, après la guerre de 1870, plaidait en province contre les Dominicains ; il avait parlé avec cette éloquence amère dont il semblait garder le monopole. Son spirituel adversaire, M. Jacques Piou, un des plus distingués représentants du parti conservateur, se leva et lui cingla au visage ce sanglant exorde : « Non, Monsieur, les Dominicains ne vous céderont ni une pierre de leur couvent, ni un pouce de leur terrain ! »

2. Pour contrôler les souvenirs de mes causeries avec les personnages qui ont participé, plus ou moins, aux déduits de la Cour Impériale, j'ai ensuite consulté leurs ouvrages, ainsi que ceux de : Augustin Filon, Pierre de Lano, Hercé, comte de Maugny, Fernand Giraudeau, d' Barthez, Arsène Houssaye, Frédéric Loliée, comte de Hübner, comtesse Tascher de la Pagerie, Horace de Vielcastel, Clément Simon, James de Chambrier, Fleury, Persigny, Rothan, de la Gorce, Emile Ollivier, Bapst, Sylvanecte, Lucien Daudet, docteur Ménière,

yeux comme le grillon la nuit dans l'herbe, feux
follets de l'imagination, filles de la mémoire et fées
de la causerie, guides et gardiens des esprits, comme
les poteaux du Touring-Club au coin des tournants
dangereux ou trop rapides, les anecdotes jouent leur
rôle dans le maëlstrom vertigineux de ces quatre-
vingts dernières années qui, à travers tant de décep-
tions, d'illusions et de ruines, représentent la période
la plus tourmentée, la plus douloureuse de l'histoire
à certaines heures, mais aussi la plus féconde en
découvertes scientifiques, en efforts généreux, gran-
dioses, pour améliorer le sort de l'humanité.

Croquis du Prince impérial à six ans.

« Le prince impérial est un gros garçon, solide et
intelligent, volontaire et violent, gâté à plaisir par
son illustre père, mieux tenu par l'Impératrice, et en
somme assez difficile à mener. Il y a des personnes
dans le palais qui croient devoir dire à cet enfant :
Monseigneur. Mais l'Impératrice ne le veut pas, et
comme le papa ne trouve pas cela mauvais, on est
divisé sur ce point... L'autre jour, S. M. l'Impératrice était à sa toilette. On frappe à sa porte : « Toc,
toc, toc, — Qui est là ? — C'est monseigneur. — Je

Léonce Dupont, général du Barail, Olympe Audouard, Ar-
thur Meyer, Tanski, comte d'Hérisson, Bernard d'Harcourt,
Thouvenel, Fleïschmann, Henri Bouchot, Jean Guétary, Gi-
nisty et Quatrelles, A. Leveaux, Hippolyte Magre, Hochet-
Souplet, docteur Thomas W. Evans, Xavier de Ricard, Thirria,
Charles Nauroy, baronne Frossard, L. de Brotonne, Mme Jules
Baroche, Princesse Pauline de Metternich...

ne connais pas de monseigneur. » Bientôt recommence le toc toc. Même demande, même réponse, et, à la troisième ou quatrième reprise, l'Impératrice dit à sa femme de chambre : « Pepa, va chercher le grenadier de garde pour emmener celui qui frappe ainsi chez moi. Il n'y a pas ici de Monseigneur, il n'y a que Loulou qui puisse entrer chez moi. » Silence. — Enfin, après un nouveau toc, toc, une voix dit : « C'est Loulou qui a envie d'embrasser sa petite mère. » (*Journal* du docteur Ménière).

A propos du baptême du Prince impérial, un journaliste rappelait que, lors de la naissance du roi de Rome, M. Séguier, premier président de la Cour Impériale, termina son discours par cette phrase :

« Puissiez-vous, Monseigneur, vous montrer toujours aussi sourd à la voix des flatteurs, que vous l'êtes aujourd'hui au compliment que j'ai l'honneur de vous adresser ! »

On ne prête qu'aux riches et... aux puissants. On a prêté beaucoup de mots au Prince Impérial : Adrien Marx en émaillait ses articles, et Timothée Trimm, si connu avant 1875, si oublié aujourd'hui, vint sans façon aux Tuileries demander une audience au Prince Impérial, avec la prétention, qui semblerait moins naïve maintenant, de *l'interviewer* depuis A jusqu'à Z. Le général Frossard s'y opposa péremptoirement, et Augustin Filon ne put que répondre au fastueux indiscret : « Hélas, Monsieur le prince fait des thèmes, et ne fait pas de mots. » En voici deux toutefois dont l'ancien précepteur du prince a pu contrôler l'authenticité. En 1859 l'Impératrice ayant dit à l'enfant — âgé de trois ans seulement, — « Ton papa a gagné une victoire » — il repartit : « Rien qu'une ? Mon oncle en gagnait bien davantage. » Sortant un jour en voiture avec madame de Brancion, il remarque un groupe d'hommes, qui, à son passage, gardent leur chapeau sur leur tête : « Ils ne sont guère polis, ceux-là, remarque-t-il ! Pourquoi-donc ne me saluent-ils pas ? » La sous-gouvernante embarrassée, allégua un prétexte quelconque : « Ils ne vous connaissent pas bien, ils ne savent pas vos sentiments ; ils ont leurs préférences. — Eh bien, reprit le jeune prince, il faut leur faire savoir que je les aime bien, que je les aime tous ! » Vingt ans après, il tint presque le même langage à Filon qui le quittait : « Vous allez en France, vous êtes bien heureux ! Mes amitiés à tout le monde, — et même à mes ennemis ! »

Et puis encore ceci. Dans une promenade en mer, à Biarritz, en 1867, l'Impératrice et son fils furent en danger de faire naufrage ; le canot s'étant échoué sur des roches, au pied de la jetée, à la nuit noire, l'Impératrice s'écria : « Louis, n'aie pas peur ! » Le prince répondit très tranquillement : « Un Napoléon n'a pas peur ! » Dès son plus jeune âge, il était brave jusqu'à la témérité.

Il avait, remarque Augustin Filon, des humeurs, des petites impatiences, une agitation incessante, déterminée par une nervosité excessive qui ne permettait le repos ni à ses membres, ni à son imagination. Et il ne se montrait pas toujours aussi philosophe et chevaleresque, dans ses querelles avec Conneau, Chério, (le jeune Murat), ses cousines d'Albe, qu'il le fut dans une discussion, sur la robe d'une poupée, avec mademoiselle de Metternich ; celle-ci s'emporta au point de terminer le débat par un soufflet sonore. Le prince rougit, recula de quelques pas afin de ne pas céder à la tentation de riposter, et, toisant avec hauteur la fillette, dit : « Mademoiselle, ce que vous venez

de faire est très vilain; vous mériteriez que je vous
le rendisse; mais je ne le dois pas, parce que vous
n'êtes qu'une petite fille. » Le prince reçut de grands
compliments de toute la compagnie.

Les fils de Louis Philippe avaient été au Lycée;
on ne crut pas pouvoir suivre cet exemple pour le
prince impérial, et je pense qu'on eut grandement
raison. Mais un professeur du Lycée Bonaparte venait, dès 1867, faire la classe de septième au jeune
prince, lui dictait les mêmes devoirs, les mêmes compositions, lui parlait des petits camarades invisibles;
son nom, bien entendu restait inscrit en double, pour
les places, et comme en marge de la liste ordinaire.
Ayant été premier en arithmétique, il fut invité au
banquet de la Saint-Charlemagne qui avait lieu le
18 janvier 1868. Maîtres et élèves lui firent un accueil
sympathique qui le rendit tout heureux : l'excellent
Champagne envoyé par l'Empereur, si différent de
celui qu'on nous servait d'une main avare dans ces
banquets, n'avait pas peu contribué à l'expansion des
langues et à l'épanouissement des cœurs.

Augustin Filon, constate que l'éclosion de cette
intelligence fut tardive, et il nous en donne la raison
dans quelques lignes qui font tableau : « On peut
tout apprendre dans les livres, excepté la vie. Et comment apprend-on la vie ? Par le spectacle de l'action
d'autrui, et par l'action personnelle. L'heure de la
seconde n'était pas encore venue, et le spectacle de la
première lui était constamment dérobé par une sorte
de rideau que l'on tendait sans cesse entre son regard
et le monde réel : de sorte que, jusqu'en 1870, il a
toujours vécu dans l'illusion, il ne pouvait voir ni les
hommes ni les choses tels qu'ils sont... »

Le Maréchal marquis de Castellane.

Castellane, si à cheval sur la discipline, est un grand seigneur qui aime le monde, la société des femmes, jusqu'à la fin de sa vie; les fêtes auxquelles il assiste, celles qu'il donne, sont notées dans son *Journal*, avec autant de soin que ses impressions et ses conversations militaires. Observateur narquois, il résume en mots courts, pittoresques, des traits de mœurs, des anecdotes caractéristiques. Sa courtoisie, son hospitalité, ne sont pas moins originales que sa tournure d'esprit. Fidèle aux habitudes d'autrefois, il fait des petits cadeaux continuels aux femmes, aux enfants, ne voyage jamais sans une provision de bâtons de sucre de pomme. « Le prince impérial est un joli garçon; je lui ai donné un bâton de sucre de pomme, » cette phrase se rencontre plusieurs fois dans ces *Souvenirs*. Un jour, Napoléon III lui dit en plaisantant qu'il avait fait autrefois la cour à l'impératrice; et de répondre sur le même ton : « Dès l'âge de quatre ans, je lui donnais des sucres de pomme. » Pendant un séjour au camp de Châlons, mesdames de Labédoyère et de Montebello, profitant d'un instant où il montrait à l'Empereur quelques livres favoris, les *Préjugés militaires du prince de Ligne*, les *Instructions* de Frédéric II, les *Rêveries* de Maurice de Saxe, s'amusèrent à dérober dans sa valise un lot de bâtons. Heureusement il en avait caché ailleurs, de sorte qu'il put en offrir à l'Impératrice pendant toute la durée du voyage. D'ailleurs il ne s'en tient pas au sucre de pomme; ainsi le jour de sa fête, il fait tirer à ses soldats des loteries d'oies et autres comestibles,

Appelé fréquemment à Paris, Castellane revoit aux Tuileries l'Impératrice qui goûtait en lui l'homme du monde, l'homme de race, expert dans l'art de cette causerie gracieuse, légère, qui plaît tant aux femmes. Comme elle lui contait qu'elle avait, pendant un voyage, dû supporter plusieurs harangues de prélats mieux intentionnés que talentueux, il observa qu'ayant eu lui-même l'honneur de recevoir à Moulins madame la duchesse d'Angoulême, celle-ci avait prié l'abbé Frayssinous de lui épargner les compliments dans le discours qu'il devait prononcer; mais l'orateur avait répliqué : « Madame a bien entendu les compliments des hussards du colonel de Castellane; moi, je suis le hussard de la chaire. »

Castellane avait, entre autres manies, l'habitude d'interroger sur leurs familles ses officiers; là-dessus quelques jeunes lieutenants complotent de lui servir la même réponse funambulesque : « Mon père était cordonnier, ma mère blanchisseuse, et ma sœur... ma sœur a mal tourné ». Le maréchal avale sans broncher les deux premières réponses, mais, quand le troisième commence son boniment : « Oui, je sais, votre père était cordonnier, votre mère blanchisseuse, votre sœur une c... et vous, vous avez quinze jours d'arrêts. » Le complot rentra dans le néant.

Le voici maréchal de France, sénateur, commandant supérieur à Lyon où il demeura les onze dernières années de sa vie. Altesses, rois et reines, premiers ministres passent et repassent par cette ville dont il leur fait noblement les honneurs; car il considère comme un devoir de dépenser tout son traitement à Lyon, il y commande ses uniformes, achète tous les présents qu'il offre, donne des dîners, sept à huit bals chaque hiver. Et là encore apparaît la griffe de cet esprit méthodique qui ne demande pas au voisin ce qu'il faut penser, mais s'interroge et se répond. On dansera chez lui le lundi *de huit heures à minuit*; point d'invitations par écrit, il invite les personnes qu'il rencontre; tous les officiers supérieurs et leurs femmes invités de droit, trois officiers, deux femmes d'officiers de grades inférieurs et trois danseurs priés dans chaque régiment; les principaux fonctionnaires viennent en uniforme. Et l'on exécute la consigne de minuit, et le maréchal s'en applaudit, car, Lyon étant une ville d'affaires, chacun, le lendemain matin, vaquera à ses occupations comme si de rien n'était. Il est vrai qu'un maréchal de France peut se permettre bien des fantaisies interdites à de simples particuliers. Après tout, arriver à huit heures, s'en aller à minuit, procure même quantité et même qualité de plaisir que de onze heures à trois heures.

La comtesse de Beaulaincourt, très en faveur auprès de l'Impératrice pour lui avoir donné un avis salutaire avant son mariage, m'a rapporté que le Maréchal son père amusa fort Sa Majesté en lui expliquant la manie singulière de la marquise de Talaru. Le mari de celle-ci était sous la Restauration (vers 1823) ambassadeur à Madrid. La marquise, âgée de cinquante ans, croyait nécessaire à sa santé qu'un homme fût couché à côté d'elle; en l'absence de Talaru, elle faisait ficeler dans un sac M. de Courtivron son cousin, ou M. de Chavagnac, attachés à l'ambassade; on portait le colis vivant dans son lit, le lendemain matin sa femme de chambre ou ses gens venaient officiellement constater que le sac n'avait pas été décousu. Chavagnac et Courtivron se trouvant à Madrid, M. Boirot, médecin des eaux de Néris, remplit quelque temps l'honneur de cette charge. On racon-

tait d'autres excentricités de la marquise de Talaru,
qui d'ailleurs jouissait d'une réputation de vertu in-
contestée. Mais, direz-vous ? Le conseil salutaire ? C'est
bien simple. Mme de Beaulaincourt (elle était alors
marquise de Contades) avait averti mademoiselle de
Montijo du petit complot formé par l'Empereur pour
pénétrer de nuit avec une double clef dans sa chambre à Compiègne, et épouser la belle sans l'assistance
de M. le curé et de M. le maire. Elle épousa donc
sans remords et sans regrets, comme elle l'écrivit à
une conseillère qui la poussait à se contenter du rôle
de favorite, *pour n'avoir pas de regrets*.

Le Maréchal Niel.

Lorsque le maréchal Niel avait été appelé au
Ministère de la Guerre, ceux qui cherchent la petite
bête, ceux aussi qui découvrent avec joie les travers
d'autrui, rappelèrent que le nouveau titulaire avait
les défauts des officiers de son arme, qu'il était susceptible et absolu, au moins très crété sur la question
des prérogatives personnelles.

« Au lendemain de Solférino, il engagea et soutint
dans les journaux une politique fort vive, et beaucoup
trop prolongée, contre son ancien, le brave maréchal
Canrobert, auquel il reprochait de ne l'avoir pas aidé
à vaincre mieux, et plus tôt.

« A Toulouse, un conflit de préséance soulevé entre
le maréchal et la maréchale d'une part, le premier
président et la première présidente de l'autre, avait
embarrassé et failli brouiller les deux ministres chargés de les mettre d'accord [1].

1. C'est à Toulouse qu'un magistrat badin et spirituel rem-

« On a les qualités de ses défauts, avait déclaré l'Empereur, frappé de cette opiniâtreté qu'on attribuait au Maréchal. Pour faire accepter aux Chambres une réorganisation de nos forces militaires, il faut un entêté. »

L'entêté ne réussit qu'imparfaitement, et parce que l'opinion publique, aveuglée, mécontente, voyait avec défaveur une aggravation des charges militaires et budgétaires; et parce que l'attitude de l'opposition, au Corps Législatif, fut déplorable en cette occurence. On voulait frapper, désarmer l'Empire, on frappait la France, on justifiait cet axiome réactionnaire : au fond de toute opposition il y a une vipère; on encourait une part de responsabilité dans les dangers que la néfaste diplomatie de Napoléon III a tant contribué à amonceler. Et, bien que, en politique, il y ait plus de repentirs que d'aveux, quelques-uns, après 1870, ont ébauché une demi-confession ; mais en général, dans les confessions, on fait son *mea culpa* sur la poitrine de son voisin.

J'ai assisté à des séances où l'on flétrissait l'esprit militaire, où Eugène Pelletan vociférait : « Pas d'armée prétorienne ! » où Jules Simon — plus tard assagi, — répétait : « Je demande une armée qui n'en soit

plit gaillardemment des bouts-rimés qu'on lui proposait. Les dames furent enchantées, le maréchal marqua son déplaisir. Les bouts rimés étaient : clairon, outarde, moutarde; je laisse à deviner le quatrième et à terminer le troisième vers. Alfred Mézières a bien souvent récité cette galéjade dans les salons les plus huppés sans la moindre coupure.

> J'ai du courage sans clairon,
> J'ai de l'appétit sans moutarde,
> Et je sens...
Que je serais bon coq si vous étiez outarde

pas une, — où les utopistes, unis aux violents, réclamaient qu'en cas de besoin on substituât aux armées permanentes la levée en masse. Et Niel, rongeant son frein, haussant les épaules quand on ne le regardait pas, établissant très à propos que pendant les guerres de la révolution, le pays avait été sauvé malgré la *levée en masse*; et certain jour, comme un député l'interrompait : « Vous voulez donc faire de la France une caserne ? » lançant cette superbe et prophétique riposte : « Prenez garde, d'en faire un cimetière ! »

Billault.

Libéral avancé sous la Monarchie de Juillet, Billault devient l'avocat, le défenseur de l'Empire autoritaire. Il a le tact, la mesure, et je ne sais quelle séduction qui attire à lui les fidèles, désarme à demi les opposants; surtout il a la chance de parler et d'agir pendant la lune de miel du gouvernement avec l'opinion publique, dans ces années heureuses où le succès accompagne le pouvoir, où les conséquences des premières fautes n'éclatent pas encore, où le prestige du coup d'Etat fait une auréole aux vainqueurs, bâillonne partiellement les ennemis, où beaucoup de ceux-ci peut-être se demandent s'ils demeureront irréconciliables, s'ils ne se rapprocheront pas de celui qui peut leur donner le moyen d'affirmer la force qu'ils sentent en eux : le temps où un journaliste appelait la rentrée de la Chambre des Députés : *l'Ouverture de la Muette.* N'est-ce pas Emile de Girardin qui déclare que six mois de ministère valent mieux que dix ans d'opposition ? — Pourquoi Billault fait-il songer à un ministre de la Restauration, le comte de Villèle, qu'on a défini : une grande lumière qui brille à peu de frais? Je ne trouve rien d'original dans les discours du prédécesseur de Rouher, rien de puissant, rien de l'écrivain profond, rien du grand orateur, rien du véritable homme d'Etat; mais l'aisance, la facilité, l'art de ne lancer aucune parole compromettante. Quant à l'esprit proprement dit, il en est tant de sortes, qu'on pourrait bien en découvrir une ou deux chez Billault; et peut-être après tout cachait-il le sien, afin de ne pas effaroucher une majorité plus amoureuse de bon sens que de traits brillants, comme Scribe qui, paraît-il, coupait dans ses comédies les mots à effet de ses collaborateurs, pour ne laisser que les mots de situation.

Son biographe, M. Fernand Payen, affirme que sa vivacité de conception, sa rapidité de travail, étaient prodigieuses : « Je me rappelle, raconte un de ses secrétaires, un tour de force dont un avoué et moi nous possédons seuls le secret. Un matin, cet avoué, chargé d'un formidable dossier, entre chez Billault. Il lui expose que l'avocat de cette affaire énorme vient de tomber subitement malade, qu'il y a urgence, la cause étant indiquée première, sans remise possible, à une audience de la Cour, pour le jour même; il s'excuse de recourir à lui *in extremis* pour la plaider, et se met à l'expliquer désespérément. Billault écoute avec calme, lit les pièces au courant du récit, déjeune rapidement, arrive à l'audience, plaide pendant deux heures comme appelant... et gagne le procès. » L'avoué enthousiasmé, criait, paraît-il, au sortir du Palais : « C'est un magicien que cet homme! C'est un magicien ! »

Rouher.

« Billault (mort le 13 octobre 1863) était un homme fin, éclairé, souple, riche de ressources et d'expérience, d'une urbanité charmante, qui, par l'ascension non interrompue d'un talent agréable et facile, était parvenu quelquefois à la puissance de la haute éloquence. Il était très revenu de ses confiances libérales d'avant 1848, mais non de la prudence et du bon sens, plus que jamais éveillés dans son esprit mûri.

Rouher fut son successeur : il avait certainement autant de souplesse et plus de force, mais il ne possédait pas la même expérience, il ignorait la science politique, et il n'avait pas l'instinct de l'art d'Etat. Dépourvu de toute culture générale, il ne connaissait à fond que le code de procédure ; au ministère des Travaux publics et du Commerce, il avait appris le droit administratif et l'économie politique. Je doute qu'il ait existé un ministre des Travaux publics qu'on pût lui comparer : dans la discussion des tarifs de commerce, si hérissée de difficultés, il avait étonné les spécialistes les plus experts. Saurait-il maîtriser une assemblée, former une opinion et diriger une politique ? On l'ignorait. » (Emile Ollivier.)

Et, après la session de 1864, Ollivier prononce : « Rouher non seulement occupa, mais remplit la place de Billault, avec moins d'urbanité, autant de souplesse, et plus de puissance. La puissance, plus que la souplesse, quoi qu'il en fût abondamment pourvu, était en effet la qualité principale de l'éloquence de Rouher. La forme en était insuffisante ou boursouflée, et rarement noble : — Berryer péchait aussi par là —

mais elle avait le souffle, la vigueur, la familiarité émue. Une exposition lumineuse préparait une dialectique puissante. Il savait également se ramasser et s'étendre, cacher la faiblesse de l'argument dans une amplification habile, ou en déployer la force en rapides paroles. Tel n'excelle qu'après une longue étude ; tel autre ne se trouve qu'au choc de la passion. Il savait également mûrir un discours ou l'improviser. Au début, sa voix un peu empâtée, rendait sa diction traînante ; mais, lorsque le feu avait pris à ses idées, et que, sous l'action de la flamme intérieure, il s'abandonnait, le geste devenait imposant d'autorité, tour à tour dédaigneux, persuasif ou entraînant ; et, quoi qu'on pensât de sa personne, de sa politique, de sa thèse, à l'ébranlement qu'on éprouvait, il fallait bien reconnaître l'action souveraine de l'éloquence. »

On a attribué à Rouher en 1869 cette galéjade : Depuis quelque temps j'étudie beaucoup un philosophe chinois dont je m'efforce de mettre la sagesse en pratique ; c'est le philosophe *ye men fou.*

Il paraît cependant que la sagesse du philosophe chinois ne lui suffit pas lorsqu'il perdit son portefeuille, et reçut la présidence du Sénat comme fiche de consolation. Un assez plaisant quatrain circula alors :

> Devant le jeune Masséna
> Rouher dit à Malausséna :
> Le coup que César m'asséna
> Fait que je suis mal au Sénat.

Rouher, dit madame Carette, fut « l'Avocat de l'Empire. » Son ministère fut un long plaidoyer, et, comme la cause qu'il soutenait était bonne et sympathique, il n'eut pas de peine à être un avocat toujours écouté. Mais le talent, le dévouement, ne suffisent pas chez les hommes de gouvernement, on leur demande du génie. Il avait de l'autorité, de la force sur ses partisans, admirablement disciplinés : il n'a jamais rien su gagner sur ses adversaires. Son grand talent de parole n'agissait que sur des amis. La souplesse, le charme, le trait, qui enlacent et qui désarment, l'atticisme que M. de Morny portait jusqu'à la perfection, et grâce auquel tant d'opposants furent ramenés, manquaient absolument à M. Rouher. Toujours fortement armé, il n'essayait pas de convaincre. Il se lançait au cœur du débat avec une vaillance intrépide ; mais, si la victoire semblait hésiter, s'il sentait la majorité chancelante, an lieu de couvrir l'Empereur de sa responsabilité de ministre d'Etat, il n'hésitait pas, comme argument suprême, à déchirer le voile, et, désignant le souverain, il disait : « Voilà sur qui vous allez frapper ! » Il emportait un vote, et ce n'était pas M. Rouher, c'était l'Empereur qui était atteint par le coup qu'il fallait détourner. Sous son ministère, l'opposition s'organisa, se fortifia et grandit. Comme homme privé, M. Rouher avait les qualités les plus attachantes ; il était bon, simple, intègre, très grand travailleur, vivant sans morgue au milieu des siens, paternel et bienveillant, dévoué à ses amis...

La politique doit avoir son orateur, affirmait Napoléon II, mais les affaires doivent avoir leurs ministres. — Et, en effet, il voulait que les ministres ne dépendissent pas de l'orateur. Le 3 décembre 1867 Rouher prononce son fameux : *Jamais !* en réponse aux prétentions de régner sur Rome, que dissimule à peine la dynastie piémontaise. Dans la séance du conseil qui suivit, l'Empereur le félicite de son discours avec cette réserve : « En politique, il ne faut jamais dire : « Jamais ! » Oui, cette parole était une simple fanfaronnade, mais qui donc avait amené ou laissé aller les événements au point où elle éclatait comme un clairon dans le vide ? Qui donc avait sans cesse violé la règle : donner et retenir ne vaut ?

« Après 1870, Rouher, consacré chef du parti bonapartiste, recevait tous les soirs, rue de l'Elysée, les fidèles ; la causerie allait son train, sous les auspices de madame Rouher et de ses filles, tandis que l'ancien ministre d'Etat, fatigué sans doute des innombrables discours qu'il avait prononcés ou entendus, se recueillait en faisant des patiences, en jouant au besigue avec Charles Abbatucci, ou son ancien chef de cabinet Cottin » [1]. Parfois mademoiselle Rouher se mettait au piano, et, au grand désespoir de sa mère, témoignait par son jeu de son mépris pour l'Ecole italienne et française, de sa passion exclusive pour l'Ecole allemande. On sait que, devenue baronne de Baulny, elle a publié des romans qui ont mérité les suffrages des gens de goût. A dix heures du soir,

[1]. La fille de M. Cottin épousa un de nos excellents historiens, M. Frédéric Masson, secrétaire perpétuel de l'Académie Française ; tous les vendredis, en son hôtel de la rue de la Baume, elle recevait, avant la guerre, une compagnie mi-mondaine, mi-littéraire. Et depuis trois ans elle a repris ses vendredis, à la grande joie des amis qui sont sûrs de jouir de ce précieux bienfait, une causerie fine, alerte, ailée, chez une femme distinguée. De temps en temps un initié conduit un nouveau venu dans une très longue salle où, avec un zèle pieux, M. Frédéric Masson a rassemblé une foule de souvenirs, bustes, statuettes, portraits, manuscrits de Napoléon Ier : on l'appelle le Musée Napoléon. — La mort continue la Saint-Barthélemy éternelle : Frédéric Masson n'est plus ; le salon hospitalier vient de se fermer !

Rouher qui, à défaut de grands principes politiques, avait des systèmes très arrêtés, faisait servir des gâteaux à la crème et du tilleul : il considérait le thé comme une boisson dangereuse pour l'hygiène du cerveau. Cependant il sortait de son mutisme de temps à autre, et un de mes amis l'entendit, après une tirade contre les jacobins modernes, conclure, non sans une apparence de profondeur : « Quand tout est attaqué, il faut tout défendre. » Je dis *apparence* de profondeur, parce que l'apophtegme est à deux tranchants : il y a des gens qui, sous couleur de conservatisme, prônent les plus monstrueux abus, et ce sont précisément ceux qui, à toutes les époques, ont rendu inévitables les plus fâcheux excès révolutionnaires. Chamfort disait de ceux-là qu'ils auraient défendu le chaos contre la création.

Eugène Rouher n'a pas su empêcher l'Empereur de conspirer contre lui-même. Aussi bien le mépris des sages conseils, et la conspiration contre soi-même, ne sont-ils pas les éternels péchés des partis, des Chefs d'État sourds, aveugles et infatués ?

Le Maréchal Vaillant.

Brusque, opiniâtre, prompt aux coups de langue, adroit et bourru, il savait faire avaler ses boutades à l'empereur, car ici Philinte débordait Alceste. Et toutefois il ne se gênait guère pour déplorer le système qui consistait à capter la bienveillance des rois de l'Europe en les amusant : « Quand l'*Autre*, grondait-il, leur donnait des fêtes, c'était chez eux, et pas chez nous : ils en payaient les frais. »

Il avait l'anecdote toujours jaillissante, le mot cru, le vocabulaire rabelaisien, et ses lardons parfois emportaient le morceau. Grand maréchal du Palais, comblé de prébendes qui lui rapportaient 350.000 francs par an, n'attachant pas ses chiens avec des saucisses, il allégua, — facile absolution, — qu'il veillait de son mieux sur les finances de l'Etat, que, s'il ne touchait pas ces superbes émoluments, un autre les toucherait, sans avoir plus de talent que lui.

Hercé prétend qu'il était charitable. Charitable, peut-être ; généreux, serviable, j'en doute un peu, beaucoup, passionnément. Il appelait son éternelle cigarette : la soupape de sûreté du cerveau, et la charité : la soupape de sûreté de l'orgueil.

La vraie charité eût consisté à abandonner au Trésor ou à des œuvres philanthropiques une partie de ces énormes dotations. Les profonds égoïstes n'ont jamais manqué d'arguments ni de formules toutes faites pour justifier leur vice vis-à-vis des autres et d'eux-mêmes : quand ils ont beaucoup d'esprit, ils en font, à force de subtilités et de spécieux paradoxes, une sorte de vertu, la vertu qui représente la prudence, la science de la vie, l'art de conjurer les malheurs. Heureusement ils ne prévoient pas tout, et sont parfois punis par où ils ont péché : le Destin a des ironies plus sévères que celles des plus grands ironistes.

Ce terrible rabroueur n'avait pas son pareil pour se débarrasser des importuns, des quémandeurs, race grouillante et pullulante sous tous les régimes, qui, obséquieusement, paraphrasent de cent façons le vers connu :

Monsieur, je suis bâtard de votre apothicaire.

Ou bien il ne les recevait pas, ou bien il fixait ses audiences à six heures et demie en été, sept heures et quart en hiver : le beau sexe lui-même devait se sou-mettre à cette règle, ou rengaîner les sollicitations. Elles venaient cependant, les mères, surtout quand il s'agissait de faire exempter leurs fils du service mili-taire : toutes ne pouvaient pas, ou ne voulaient pas re-courir à des professeurs de bégaiement, de mauvaise vue, comme il en existait plusieurs à Paris. Sourds ou archi-myopes, peu importe : le maréchal avait des *parades* contre les enjôleuses.

Membre de l'Académie des sciences, il se sentait fort attiré vers l'astronomie, l'entomologie, la botani-que, adorait les fleurs, mais ne pouvait supporter l'idée qu'on consacrât quelques milliers de francs aux recherches les plus utiles.

Jamais cet émule d'Harpagon n'accepta une lettre non affranchie, ou insuffisamment affranchie : plus d'un document d'importance majeure fut ainsi refusé dans ses bureaux, et il en résultait parfois des com-plications.

Il confesssait volontiers qu'il n'entendait rien à la stratégie, mais prétendait que les autres généraux étaient logés à la même enseigne : et l'on se demande involontairement si cette modestie, plus ou moins sin-cère, ne servait pas d'entrée en matière à l'éreinte-ment en bloc ou en détail des frères d'armes. Les soldats sont bien plus diplomates qu'on ne croit, plus diplomates souvent que les civils. De même Henri Becque disait volontiers : « Je ne fais pas grand cas de mes ouvrages, mais j'estime bien moins ceux des autres auteurs dramatiques. »

Parfois Vaillant trouvait à qui parler. Bien qu'il dé-testât les grandes cérémonies, il avait, lors de l'Ex-position locale de 1858 à Dijon, sa ville natale, accepté de présider la distribution des récompenses, en stipulant que les choses se passeraient avec simplicité. Les Dijonnais tinrent parole, mais, à l'entrée du parc, le général Picard, entouré de son état-major, à la tête de plusieurs bataillons, le reçut selon le protocole, les clairons sonnant, les tambours battant aux champs. Vaillant se contint, puis, quand tout fut fini, il administra une verte *semonce* au général. Celui-ci écouta le sermon sans broncher ; après quoi, il demanda froidement : « Avez-vous fini, M. le Maréchal ? — Oui, j'ai fini. — Très bien. Si vous voulez une autre fois être traité en bourgeois, vous ferez mieux de ne point porter le grand cordon de la Légion d'honneur. Si je ne vous avais pas salué selon le règlement, je me serais attiré les reproches du ministre de la guerre et du grand Chancelier de la Légion d'honneur : je préfère recevoir les vôtres. — Mais le ministre de la guerre, c'est moi. — Je ne suis pas tenu de le savoir. J'ai vu seulement un vieux monsieur portant le grand cordon. Si vous êtes le Ministre de la guerre, soyez assez bon pour dire au maréchal Vaillant, quand vous le verrez, qu'il ne devrait pas pousser de vieux soldats comme moi à l'oubli de leurs devoirs. » Le maréchal fut quinaud, et dut confesser que le général avait raison.

Ce cumulard sans vergogne venait souvent chez les Vernier, à Fixin, village célèbre dans toute la Bourgogne par le musée napoléonien et le chef-d'œuvre du statuaire Rude représentant le réveil de l'Empereur, installés là par le commandant Noisot, un grenadier de l'Ile d'Elbe, un fidèle du héros. Les Vernier étaient les amis de M. Liégeard père, grand propriétaire à Dijon et dans cette commune de Brochon, voisine de Fixin, où j'ai passé tant de mois qu'il faut marquer d'un caillou blanc, mois qui comptent parmi les meilleurs de ma vie. Et, comme on voisine souvent, le verre à la main, dans cette terre classique de glorieuses cuvées, M. Liégeard père, pendant un dîner, s'avisa de demander au Maréchal des nouvelles de la Maréchale (ils étaient plus ou moins séparés). Et lui de répondre assez grossièrement : « Qu'est-ce que ça vous fout ? Et à moi aussi ! » Mais une autre fois il fut solidement remisé par le poète Stéphen Liégeard, à qui il lança cette bourde peu galante. « Ah ! vous faites des vers ! Je n'ai pas cette infirmité-là ! » Mon ami ne put s'empêcher de répliquer, sotto voce : « On ne peut pas les avoir toutes. »

La veuve d'un colonel vient solliciter la protection du maréchal pour obtenir un bureau de tabac ; brutalement éconduite, elle fit comprendre à Vaillant qu'elle le considérait comme un butor. Sur quoi notre homme, dompté par cette raideur de dignité, se radoucit et demanda : « Vous me trouvez bien sanglier, sans doute ? — Oh ! reprit la dame, pas si sauvage que cela ! »

Encore un mot qui va loin :

Pour Lebœuf il fallait que tout allât bien . « Je le rencontrai à Varna, dit Canrobert, avec le maréchal de Saint-Arnaud. Ce dernier demandait au capitaine d'artillerie Thomas qui dirigeait une corvée d'embarquement : « Avez-vous tout ce qu'il faut ? — Non, Monsieur le Maréchal, il nous faudrait tel ou tel engin. — C'est bien, vous les aurez. » Et le maréchal passa. Mais le colonel Lebœuf, restant en arrière, s'adressa au capitaine : « Ah ! vous vous permettez de vous plaindre à un maréchal ! Apprenez que l'on doit toujours dire à son supérieur que tout est parfait. » Et il courut rejoindre l'état-major. Tel était le futur ministre de 1870.

Cette niaiserie sinistre ne sert-elle pas de préface à la phrase criminelle ? « Nous sommes prêts, archiprêts. La guerre dût-elle durer deux ans, il ne manquerait pas un bouton de guêtre à l'armée française. » Et dire qu'on s'est donné des airs de dédaigner les courtisans de l'ancien régime ! Leurs erreurs, leur outrecuidance, n'avaient pas la centième partie de la gravité d'un mot qui trompait la France, l'Empereur et l'Europe.

Victor Duruy.

Pour juger l'Impératrice Eugénie, on doit tenir compte de témoignages tels que celui de Victor Duruy ; témoignage qui m'a été confirmé par son fils George, romancier et historien de talent : « L'Impératrice était un noble cœur et d'une grande dignité morale. Elle avait pris pour sa part de royauté le ministère de la bienfaisance, et chaque semaine elle portait, sans se faire connaître, ses charités dans les plus misérables demeures. » J'ai entendu l'Impératrice dire à Chislehurst ce mot très juste dans sa familiarité pittoresque : « Au commencement, on pouvait tout faire : à la fin, on ne pouvait même plus se moucher. »

Aux yeux de Victor Duruy, ce n'est pas l'Impératrice qui a fait commencer la politique impériale envers la papauté : il la trouva toujours très gracieuse à son égard, bien qu'elle connût ses sentiments particuliers, et qu'il les affichât parfois avec la rudesse d'un paysan du Danube ou d'un sectaire. Un jour, en présence de ses collègues, elle lui demanda : « Vous êtes protestant, M. Duruy ? — Non, madame, mieux

que cela, répondit-il. — » Une autre fois, dans le chapelle de Saint-Cloud, comme elle lui offrait de l'eau
bénite : — « Pardon, Madame, je n'en use pas, affirma
le ministre. » Et je me suis laissé raconter qu'il horri-
pila les belles dames de la cour en affirmant que le
pot de chambre devait être toute la politique des jeunes
mères.

Une fois cependant, il y eut commencement de
brouille. Un ophthalmologiste allemand ayant opéré
de la cataracte la comtesse de Montijo, l'Impératrice
réclamait du ministre la création d'une chaire nouvelle à la Faculté de Paris. Duruy s'y opposa juste-
ment, et provoqua une délibération de la Faculté;
l'Impératrice le sut, et à Compiègne, devant tous les
convives du déjeuner, elle fit un éclat, reprochant au
Ministre ce qu'elle appelait sa trahison. « Tout le
monde regardait et écoutait, certain d'assister à un
congédiement : c'était une vengeance de femme plutôt
que de souveraine. Quand j'eus le sens de cette exé-
cution publique, je dis à l'Impératrice : « Vous désirez,
madame, une explication : vous serez mieux pour l'entendre dans la pièce voisine. » Comme si j'en eusse
reçu l'ordre, j'y passai, et je dis à l'Impératrice :
« Vous avez voulu, madame, me donner les étrivières
devant témoins, je les ai reçues, et vous devez être satisfaite. Il ne me reste plus qu'à vous présenter mes
très humbles hommages; » et je me retirai. Un de
mes collègues, à qui je racontai ce qui venait de se passer, me gourmanda pour cette incartade. Mais comme
j'avais agi, sinon en courtisan, du moins en fidèle
ministre qui évite une faute à son prince, je m'en re-
tournai à Paris la conscience tranquille, tandis que
les badauds de la résidence impériale disaient sans
doute : « En voilà encore un de coulé. » Il n'en fut

que cela, et l'Impératrice ne garda pas rancune au ministre de... la faute qu'elle avait commise. Duruy lui soumettait parfois certaines affaires délicates, des projets de réformes, où elle servait de truchement auprès de l'Empereur; dans une de ses lettres, je lis cette phrase; « On demandait un jour à un voyageur ce qu'il venait voir à Sparte; il répondit : « Des femmes qui savent faire des hommes; les nôtres, trop souvent, ne savent faire que des enfants... »

Un collègue de Duruy, qui voulait sabrer le budget de l'Institut, lui dit ce mot superbe de cuistrerie : « Débarrassez-nous de ces inutilités ! » Le scrupule du secret professionnel a malheureusement empêché Victor Duruy de nous révéler le nom de ce saute-ruisseau intellectuel.

Le duc de Persigny.

Un chapitre curieux dans l'histoire de Persigny, le *Loyola de l'Empire*, est celui de ses relations avec le comte de Falloux, qu'il rencontra en Angleterre, et tenta de convertir à la religion impérialiste. Falloux l'écouta quelque temps avec une curiosité stupéfaite, puis, coupant court à l'entretien : « Vous savez, dit-il, que je suis d'une province où la fidélité royaliste est inébranlable; votre insistance, toute flatteuse qu'elle soit, demeurerait donc absolument inutile. » Après un dernier effort, Persigny, prenant un air prophétique, affirma : « Je respecte votre sincérité, mais je connais votre patriotisme. Vos yeux s'ouvriront. Le prince Napoléon régnera, et vous ferez partie de son premier ministère. » L'interlocuteur accueillit la prédiction

par un éclat de rire : « Promettez-moi, Monsieur, que
vous me donnerez mon portefeuille. — Hé bien,
Monsieur, je vous le promets ». Ce qu'il y a de douloureux, continue le royaliste, c'est que les destinées
de la France furent assez agitées, assez compromises,
pour que deux jeunes gens de vingt cinq ans qui
échangeaient, en se jouant, une telle gageure, finissent
par être pris au mot tous les deux. En entrant au
ministère, en décembre 1848, j'y trouvai, déposé par
M. de Persigny, le portefeuille qu'il m'avait annoncé
en 1835 ; je l'ai conservé dans ma retraite, et je n'y
jette jamais les yeux sans me répéter tristement :
« Malheureux, bien malheureux est le pays où une
telle aventure ne reste pas dans le domaine du roman! »

Ils se revirent, et se lièrent ; le comte de Falloux
seconda certaines velléités de retour à la pratique religieuse, s'employa pour obtenir des adoucissements,
ensuite la libération de Persigny condamné après la
tentative de Boulogne. Il lui disait en riant : « Nous
étions faits pour devenir amis, car vous êtes aussi un
vendéen à votre façon. » Persigny, devenu un homme
important, a tous les ennuis de son influence, et il ne
les accepte pas aussi allègrement que le baron Louis,
qui se contentait d'offrir sa place à une nuée de quémandeurs encombrant ses salons. « J'ai beau fermer
ma porte par les consignes les plus sévères rien ne
rebute les solliciteurs. Tout à l'heure, il y en avait
dans ma pauvre antichambre sept ou huit qui m'avaient
déjà harcelé de leurs correspondances. Je suis sorti de
mon cabinet, un pistolet dans chaque main, en leur
criant : « Si vous ne sortez tous, je fais feu ! »

Et quelle conversation, après un déjeuner, entre
ces deux hommes !

« Je suis honteux, me dit-il, de penser que je suis

sur la scène, et que vous êtes au parterre. Mais enfin, puisque c'est la place que vous avez voulue, dites-moi franchement comment vous nous jugez.

Je n'attache pas une extrême importance à ce lever de rideau ; j'attends la grande pièce.

Ah ! oui, l'Empire ! reprit-il ; eh bien ! je vais vous dire, à vous, la simple vérité. Vous ne savez pas ce qui retarde l'Empire ? C'est l'Empereur, et l'Empereur tout seul. Un vertige de timidité l'a saisi après le 2 décembre. Il prend ses dix années au sérieux, et, sans vouloir les mener jusqu'au bout, il ne pense pas encore qu'il soit temps d'en sortir. Tous ceux qui l'entourent lui disent le contraire... Je l'ai fait candidat à la Présidence malgré lui. Je le ferai empereur malgré lui. Il va bientôt faire un voyage à travers la France, je le ferai assourdir de tels cris de : « Vive l'Empereur ! » qu'il lui faudra bien se rendre, et se laisser imposer ce qu'il souhaite ardemment, sans oser mettre la main dessus. Seulement, il faut pour cela que je sois encore six mois ministre de l'Intérieur.

Comment ! Six mois ! m'écriai-je. Qui peut ébranler votre crédit près d'un prince que vous avez servi avec autant de constance ?

« Ah ! deux choses, mon caractère violent, et celui du prince. Je suis violent et incapable de complaisance ; le prince est doux, mais avide d'adulation et de domination personnelle. J'entre chez lui avec les plus belles résolutions de me contenir, de caresser ses faiblesses que je connais de longue date ; mais, au bout de quelques minutes, je m'échappe à moi-même ; je romps en visière, et, cinq fois sur six, je sors du conseil brouillé avec tout le monde, au grand plaisir de Morny. Je me crois autrement politique que Morny, mais il est bien plus fin que moi ».

« En entendant M. de Persigny parler ainsi de M. de Morny, je me rappelai les derniers propos de Morny sur Persigny. Après un voyage en Angleterre, Persigny avait apporté sur ce pays des idées alors très-neuves, et démontrées depuis très justes. J'avais l'instinct qu'il était dans le vrai, et je dis un jour à Morny, en causant avec lui dans un des couloirs de la Chambre :

Persigny me semble quelquefois avoir le don de seconde vue.

Oui, me répondit Mor. ... oui, il a toujours les secondes vues, mais jamais les premières, et je voudrais bien qu'il s'en fût étudier le Kantschatka ! »

J'objectai à Persigny plusieurs des côtés faux de l'esprit du Président. « Oh ! oui, reprit-il, le prince a ces défauts-là, et d'autres encore que je connais mieux que vous ; mais il a le nom et le prestige de Napoléon. Soyez sûr que l'Empire, quand il sera reconstruit, n'aura que deux chances de ruine : la guerre et la famille impériale. Il faut qu'il se garde de toucher à la grande épée qu'il ne sait pas manier, et qui lui couperait les doigts. Il faut qu'il se hâte de se marier et d'avoir des enfants, pour qu'on ne s'occupe plus de sa famille, qui est au-dessous de ce qu'on peut imaginer. Que je sois écouté sur ces deux points-là, et le reste ira tout seul, avec ou sans moi. »

Quelques mois plus tard, l'Empereur était à Bordeaux, et prononçait deux mots dont l'effet fut magique : « L'Empire, c'est la paix ! »

Encore une boutade de Persigny, lancée chez la comtesse Lehon, l'avant-veille du 2 décembre : « Tout cela va finir ! Nous aurons un Sénat pour les hommes graves ; un conseil d'Etat pour les hommes jeunes, comme vous l'êtes, vous, Estancelin ; et nous mènerons ce pays-ci, une bourse d'une main, et une cravache de l'autre ! »

Une scène entre Fould et Persigny, le premier criant au second : « Assez de politique de bric-à-brac ! »

Un ami rencontre Persigny et sa femme avec leur enfant en grand noir — Il s'étonne. — Persigny explique d'un air impassible : « Il porte le deuil de son père. »

Au lendemain de Sedan, Persiguy qui avait de l'esprit, surtout dans ses actions, eut un beau cri de désespoir : « C'est moi qui ai fait l'Empire, et il me semble que je vois mourir mon enfant ! ».

La duchesse de Persigny.

Madame de Persigny devait figurer dans un tableau vivant, le *Déjeuner champêtre* de Watteau ; la fantaisie lui prit de ne vouloir paraître qu'avec ses cheveux défaits — ils étaient très beaux. — Je veux que l'on voie mes cheveux, zézayait-elle. — Mais c'est impossible, objecta la princesse de Metternich ; votre costume comporte une petite coiffure poudrée et relevée. — Non, nous faisons cela pour nous amuser, et cela m'amuse de laisser tomber mes cheveux. » A bout d'arguments, la princesse va trouver l'Impératrice, qui, souriante, conseille de laisser faire l'enfant gâtée ; qui sait si cette nouveauté ne sera pas très heureuse ? — Non, non, elle fera tout manquer. — Voyons, ma chère princesse, qu'est-ce que cela vous fait ? Soyez indulgente. Vous savez, cette pauvre madame de Persigny, sa mère est folle — Ah ! sa mère est folle !

éclate la princesse; eh bien ! Mon père est fou, et je ne céderai pas. »

Mon ami Charles Limet m'a conté ce qui suit : Le duc de Persigny, nommé ambassadeur à Londres, s'était empressé d'acheter la terre de Chamarande qui longtemps avait appartenu à la famille de Talaru. Or la duchesse, qui ne brillait point par le sentiment du devoir conjugal, n'avait pas tardé à s'enflammer pour un jeune secrétaire d'ambassade, et, un beau jour, elle filait à l'anglaise avec lui. Là dessus enquête, limiers, police secrète sur pied, tant et si bien, qu'après de minutieuses recherches, on finit par découvrir dans une chambre de Chamarande, sous les combles, l'ambassadrice au cœur cosmopolite. Comme on racontait l'historiette dans le salon de la comtesse d'Haussonville, une dame voulut savoir comment on avait pu découvrir la coupable. « Très facilement sans doute, interrompit Villemain; il n'y avait qu'à chercher sous le secrétaire. »

Nous vivons, ici sur les histoires, écrit Mérimée en 1863, arrivées ou prêtées à madame de ***. Ce qu'il y a de certain, c'est qu'elle est folle à lier. Elle bat ses gens, elle donne des soufflets et des coups de poing, et fait l'amour avec plusieurs cocodès à la fois. Elle pousse l'anglomanie jusqu'à boire du *brandy* et du *water*, c'est-à-dire beaucoup plus du premier que du second. L'autre soir, elle présente au président son cocodès par quartier, en lui disant : « Monsieur le président, je vous amène mon *darling*. » M. Troplong répond qu'il est heureux de faire la connaissance de M. Darling...

Un invité de Compiègne.

A partir de son premier séjour à Compiègne, des visées ambitieuses hantent Edmond About, et ne le quittent plus. Sous le Ministère du 2 janvier 1870, il croit arriver au but, il échoue. Toujours spirituel, il dit à Emile Ollivier ce mot qui le peint tout entier : « Vous m'avez tout promis, j'ai tout accepté et je n'ai rien encore. » Plus tard, sous la République, il demande à M. Thiers une ambassade, et ne l'obtient pas,

« Ces déconvenues successives donnèrent à sa nature sceptique, mais nerveuse, une sorte de fébrile agitation... En ce monde, il ne faut pas trop viser au cumul. On ne peut avoir en même temps de l'esprit et de la chance. Cette déveine constante n'était d'ailleurs que la juste expiation de ses inconstances politiques. Elle l'accompagna jusqu'au bout. Sa dernière ambition fut de s'asseoir dans un des quarante fauteuils du Palais Mazarin : il mourut à la porte de l'Académie, sans avoir pu y prononcer son discours d'installation. »

En 1866, les jours où il n'y avait pas spectacle, et où on ne le réclamait pas pour organiser des charades et distribuer les rôles, il passait des heures au fumoir, toujours fort écouté. Tous admiraient sa verve, certains émettaient des réserves. Le général de Béville, notamment, s'alarmait un peu du goût que l'Empereur semblait montrer pour le nouveau converti ; il lui trouvait un double tempérament. « Il est, disait-il, souple comme un homme de cour, et âpre comme un pamphlétaire. »

Quelqu'un expliqua l'amertume avec laquelle About parlait des couvents, en disant qu'About comptait parmi ses ascendants un prêtre marié pendant la révolution à une religieuse. Par la loi de l'atavisme, le descendant voulait venger l'ancêtre!

La Comtesse Walewska.

Un ancien diplomate du Second Empire, devenu conseiller d'État, versait dans l'oreille d'Ernest Pinard, alors son collègue, de fines réflexions sur le monde. N'admettant nullement que les salons fussent seulement des lanternes magiques, il y voyait au contraire, comme Chesterfield, une admirable école de science de la vie : « Il y a des gens qui font de la musique toute leur vie, et qui ne la comprennent jamais. Le monde est un peu comme la musique : ne l'apprend pas qui veut. On peut y passer toute sa vie, sans le bien connaître. D'autres au contraire ont à cela une aptitude toute naturelle... Si vous pénétrez le monde, vous le trouverez très varié et très complexe. Mais, pour découvrir cette variété, il faut aller au-delà des marionnettes, et compter les ressorts qui les font mouvoir... Le sens du discernement, c'est la qualité rare, *rara avis*. L'Eglise, dans un ordre d'idées plus élevé, n'en fait-elle pas un des sept dons du Saint-Esprit? » Ernest Pinard dit ensuite combien les leçons de son vieil ami lui ont ouvert de nouveaux horizons. « Gozlan avait écrit jadis une charmante comédie : *Une Tempête dans un verre d'eau*. Mon cicerone me montra des tempêtes dans des tasses de thé. »

« En dehors des grandes fêtes qu'elle savait admirablement organiser à la Présidence du corps Législatif, la comtesse Walewska recevait tous les jours. Ses salons restaient ouverts aux intimes, même les soirs où elle se rendait à l'Opéra. Elle trouvait, en rentrant, des hôtes fidèles qui l'attendaient pour le thé. — A ce moment, M. Thiers, parlant au Corps Législatif..., traçait le portrait de Florence, la nouvelle capitale, et disait que la molle et nonchalante cité n'acceptait la couronne qu'avec un sourire d'incrédulité. Née à Florence, la comtesse était un peu comme sa ville natale. Même dans son salon, elle feignait de ne pas croire à sa royauté. Sa modestie était moins une vertu qu'une habileté naturelle : nulle n'a mieux rappelé, sur la terre française, les grâces de son pays, elle était bien la fille des Médicis...

« Très au courant des petites stratégies des partis au sein du Parlement, elle eût été de force à y former des coalitions, comme à les déjouer. Heureuse de deviner et de dominer les amours-propres des plus austères personnages, la comtesse tenait plus en réalité à son sceptre féminin, qu'à conquérir une sérieuse et décisive influence. Le rôle qu'elle s'imposait, et qui ne lui coûtait pas, était d'acclimater chez elle toutes les oppositions. Elle se disait qu'il y a peu de lions dont on ne puisse limer les ongles. Elle n'avait pas la prétention de trancher les nœuds gordiens ; elle préférait dénouer les chaînes sans les briser. Adoucissant les farouches, elle voulait être l'auxiliaire caché, mais puissant, du comte, président de la Chambre.

« La comtesse avait aussi le grand don de savoir écouter ; elle ne parlait jamais d'elle, sachant bien qu'elle n'en avait pas besoin, mais entretenait les autres d'eux-mêmes. Elle avait persuadé à Latour du Moulin qu'il serait le ministre de combinaisons prochaines, et à Belmontet qu'il n'était pas seulement un fidèle,... mais qu'il était un poète. De temps à autre, Belmontet lisait chez elle un drame inédit... » E. Pinard.

Le comte Walewski avait épousé en secondes noces cette délicieuse Florentine qui descendait par sa mère du dernier roi de Pologne Poniatowski, par son père le marquis Ricci, de Machiavel et de Dante. Son péché mignon : elle dépensait sans compter, et eût dévoré vingt successions de rajahs hindous où américains.

« Le premier bal costumé aux Affaires Etrangères eut lieu en 1856, alors que le comte Walewski était au pi acle. La comtesse y parut en *Diane chasse-resse*, dans tout le rayonnement de la beauté et de la faveur. Un jeune et spirituel gentilhomme masqué, longtemps impénétrable, s'y fit remarquer par la richesse et l'originalité de son costume, et par un mot que n'auraient point désavoué les courtisans du Roi Soleil. Déguisé en chiffonnier, avec un habit de satin bleu, un crochet en argent et une hotte dorée remplie de bouquets de fleurs qu'il distribuait aux dames, il s'approcha de l'Empereur, et éteignit sa lanterne, disant qu'*il avait trouvé un homme...* Est-ce assez œil-de-bœuf? (Comte de Maugny.)

En 1871, on demandait à un huissier du Ministère des Affaires étrangères son opinion sur Jules Favre et Rémusat : « M. Jules Favre, dit il, était patriote, grand orateur, tout ce que vous voudrez; mais ce n'était pas un ministre des Affaires étrangères. Quant à M. de Rémusat, c'est un homme d'esprit, c'est un homme du monde... Nous ne pouvions avoir rien de mieux en ce moment... Mais ce n'est pas encore tout à fait pour moi, le ministre des Affaires étrangères. D'ailleurs, à mon avis, il n'y a eu, depuis M. Guizot, qu'un seul ministre des Affaires étrangères en France. — Et lequel? — La comtesse Walewska.

J'ai connu à Naples le marquis et la marquise Rossi, qui me témoignèrent beaucoup de bienveillance pendant un trop court séjour. La marquise, née Walewska, avait la finesse, la grâce et la culture élégante de la comtesse Walewska : elle devait me confier toute une correspondance de celle-ci; je n'ai rien vu venir, et une fois de plus, j'ai eu l'occasion de méditer sur les ironies du destin, qui fait semblant d'approcher de nos lèvres la coupe délicieuse de l'amitié, l'en retire brusquement, et nous laisse assoiffés de la céleste boisson.

La Princesse Roccagiovini.

Ernest Pinard décrit agréablement un autre salon bonapartiste, celui de la princesse Julie Bonaparte, fille du prince Lucien, mariée à un Italien le marquis Rocca Giovini. Secondée par ses deux sœurs, la princesse Charlotte, mariée au comte Primoli, mère de ce charmant Joseph Primoli, dont l'esprit et la haute courtoisie sont aussi goûtés à Paris qu'à Rome, — et la princesse Augusta, mariée au prince Gabrielli, — la princesse Julie réunissait à ses vendredis soirs l'élite de la société étrangère et du monde parisien. On y vit souvent Billault, la reine de Hollande, mère du prince d'Orange, un des coryphées de la haute noce parisienne, familièrement surnommé par Gramont-

Caderousse: le prince Citron. La reine se sentait à l'aise dans cette atmosphère, et y parlait de toutes choses avec verve, avec une simplicité qui encourageait ses interlocuteurs. Et, parmi les autres fidèles : la maréchale Canrobert, la baronne de Bourgoing, madame Bartholoni, Renan, Sainte-Beuve, Barbey d'Aurevilly, Désiré Nisard, Edme Caro à qui une de ses fidèles amies donna une petite leçon. Mon cher ancien maître était attiré vers les grandes étoiles mondaines, comme le papillon par la lumière; ses succès d'orateur littéraire le grisaient un tantinet, et, je dois le reconnaître, sur le turf mondain il évoluait avec moins de dextérité, que sur le terrain de la philosophie ou de la haute critique. Et donc, certain soir, quand les lionnes eurent disparu, quand le salon fut presque vide, Caro s'approcha de l'amie négligée jusque-là; elle lui dit doucement: « Ah! ceci, mon cher Caro, ce n'est plus que la visite de charité. » Caro comprit, s'inclina, et répara sa faute aux receptions suivantes.

Un homme qui ne ressemblait nullement à Sainte-Beuve, c'était Barbey d'Aurevilly. « Cet ancien ami de Raymond Brucker détestait le bourgeois, et ce qu'il appelait les platitudes du monde moderne. Fort instruit, il avait sur les points obscurs de l'histoire des vues originales... Je crois qu'il aimait le paradoxe encore plus que la vérité. Le désir d'éviter les sentiers battus lui faisait adopter, ailleurs que chez la princesse, des mises toujours étranges; ce n'était pas le costume du Directoire, ce n'était pas le costume des infants d'Espagne, c'était le costume de Barbey d'Aurevilly.

« Nisard passait auprès de lui, avec l'allure toujours sérieuse et correcte de l'homme qui est depuis longtemps académicien. Il venait souvent chez la princesse, accompagné de ses deux filles, dont l'aînée était belle, et la seconde fort jolie. Un journaliste, qui avait autrefois critiqué ses livres avec violence, voyant, à côté de l'académicien aux cheveux grisonnants, ces deux têtes jeunes et charmantes, voulut se réconcilier. Il aborda le maître en lui disant: « M. Nisard, quand j'ai tant critiqué vos ouvrages, je ne connaissais pas vos chefs-d'œuvre. » C'était ne rien rétracter de ses articles, mais c'était toucher le cœur paternel. Nisard lui tendit la main. A partir de ce jour, la glace entre eux fut à jamais rompue. »

Ernest Pinard, toujours sincère, presque toujours véridique, commet une erreur quand il affirme que Sainte-Beuve allait à ses heures dans ce salon; Pinard a dû voir ailleurs le grand critique, qu'il égratigne un peu, et accuse d'abîmer volontiers ses confrères : « Il parlait, ajoute-t-il, de l'amour en érudit; on le rendait heureux en lui prêtant d'autres succès que des succès littéraires. » En tout cas, il n'y eut ni amitié, ni intimité, ni même visites, et j'ai pour cautions de mon dire les deux intéressés eux-mêmes; une énorme étourderie de la princesse coupait court à leurs éphémères relations. Ayant rencontré Sainte-Beuve, elle l'accable de compliments, et finit par lui soumettre ses *Cahiers manuscrits intimes*, où elle conte sa vie, ses journées, ses conversations. En feuilletant ces précieux cahiers, Sainte-Beuve tombe sur un passage où il est drapé de la belle sorte : « Il mène, malgré son âge, une vie crapuleuse; il vit avec trois femmes à la fois, qui sont à demeure chez lui... Sainte Beuve m'a laissé des cartes, m'a écrit, mais il n'est jamais entré dans mon salon... » Là-dessus Sainte-Beuve renvoya à la princesse ses manuscrits, accompagnés

10

d'une lettre qui mit les rieurs de son côté; il y disait, notamment, que s'il n'était jamais entré dans le salon de la princesse, ce n'est pas faute d'avoir été convié; que, quant aux *autres inculpations graves dont elle n'avait pas craint de salir sa plume*, elles se réfutaient d'elles-mêmes. Comme il le remarque, le hasard est quelquefois malin et spirituel.

La Princesse de Metternich.

La princesse Pauline a-t-elle tenu à Fontainebleau ce propos imprudent, qui rappelle la réponse de sa mère à notre ambassadeur le comte de Sainte-Aulaire? « Mon impératrice à moi, est une vraie impératrice; la vôtre n'est que mademoiselle de Montijo [1]. Il y a entre la Hofburg et les Tuileries la même distance qu'en re l'impératrice Elisabeth et mademoiselle de Montijo. » Je ne sais, et je n'ai pas osé lui parler de cette boutade; mais je suis plus sûr de son coup de boutoir au baron de Rothschild qui se faisait servir un vin particulier : « Il coûte donc bien cher, baron, ce vin, que vous êtes seul à le boire? » Embarras, ahurissement du baron, qui cependant ne manquait pas d'esprit : « Faites m'en servir, je vous prie,

1. Si le mot a été dit, il est encore moins *fâcheux* que la réponse de sa mère, sous la Monarchie de Juillet, à l'ambassadeur de France qui complimentait la princesse sur la couronne qu'elle portait. « Oui, reprit celle-ci, ma couronne est très belle; je puis vous assurer qu'elle est bien à moi, et que je ne l'ai pas volée. » Cette impertinence faillit amener un incident diplomatique, et attira une verte semonce de l'Empereur d'Autriche à la coupable.

continua la princesse, et je verrai si, vous et lui, avez bon goût. » Une historiette toute pareille, et bien antérieure, eut pour héros Morny.

On lui a prêté un mot dit bien avant elle par Madame Dorval : « je ne suis pas jolie, je suis pire ; » cet autre qui lui fut beaucoup reproché : « À Paris, je me considère comme au cabaret. » Naturellement les douairières du gratin se scandalisaient fort de lui voir fumer de gros cigares. Eh ! mon Dieu, je sais une Altesse française qui ne s'en prive pas non plus, qui parle même un peu l'argot. Un jour que le marquis de B... lui apportait en Angleterre une boîte de cigares de la Havane, et que son compagnon le raillait à ce propos, prétendant que ces cigares ne valaient pas le diable, la princesse, assise sans façon sur le billard, s'écria familièrement : « Ne l'écoutez donc pas, ce D... et *enlevez-lui le ballon*, s'il continue ! » Madame de Metternich fut mieux inspirée le 26 avril 1869, au lundi de l'Impératrice : celle-ci portait une simple garniture de lilas sur une robe de soie gris-nuage ; faisant allusion aux complications diplomatiques des derniers temps, la princesse s'écria : « Après les *points noirs* de l'hiver, le printemps nous apporte les *points lilas*. »

Madame de Metternich, qui avait toutes les audaces, après avoir pris, bien qu'on l'ait nié, des leçons de Thérésa qu'elle imitait ensuite fort plaisamment, réussit à conduire la chanteuse dans le salon de la duchesse de Galliera. Il y eut des frémissements de stupeur indignée, la princesse n'y prit garde, et, d'accord avec la maîtresse de céans, pria Thérésa de chanter. A ce moment une jeune fille interrogea tout haut le duc d'Il. « Pensez-vous, Mr le duc, que le moment soit venu pour une jeune fille de se retirer ? » Mais,

montrant à la questionneuse le Nonce, Mgr Chigi,
qui ne bougeait de son fauteuil, le duc répondit en sou·
riant : « Pourquoi donc, mademoiselle, vous retirer ?
Là où le nonce se trouve, une jeune fille ne peut être
en péril, je suppose. » L'incident fut rapporté à la
princesse qui conclut : « Ah ! les vieilles perruques !
Même sur les jeunes têtes, je les ai donc un peu défri-
sées ! » Si on lui passe tout à la Cour, elle se fait
quelquefois rembarrer par de très petites gens qui
ignorent son rang, ou n'en sont nullement éblouis.
Sortant un soir, toute seule, des Tuileries, plus tôt
qu'elle ne comptait le faire, elle ne trouve point son
équipage, avise un affreux fiacre qui tanguait de droite
et de gauche, interpelle l'automédon, un vieux parisien en qui revivait l'âme frondeuse d'un Thomas Vi-
reloque : « Cocher, es-tu libre? — Mais lui, la contemplant d'un œil à la fois sardonique et émerillonné :
« Tu *m'luteyes*, c'est donc q'tu m'aimes ? » Il y a,
parmi les cochers de fiacre parisiens, des gentilshom-
mes déclassés, des licenciés ès-lettres, même des doc-
teurs en droit.

« Je cherche un mot, une épithète, pour caractéri-
ser, pour résumer la princesse de Metternich, et je
serais très embarrassé de le trouver, si l'Académie
Française ne venait à mon secours. En effet, j'ai lu,
il n'y a pas longtemps, dans un journal que l'illustre
Compagnie honore de ses confidences, que la prochaine
édition du dictionnaire de l'usage devait contenir un
article à peu près ainsi conçu : « *Epatant, épatante*;
— adjectif masculin et féminin; se dit des personnes
et des choses qui provoquent un étonnement admira-
tif. » Voilà le mot qu'il me fallait. Je serai donc parfaitement correct en disant que la princesse de Metternich était *épatante*. (Augustin Filon).

La princesse invite à dîner Capoul, qui se met un peu trop à son aise ; le soir il vient du monde, et la princesse souligne finement le sans-gêne du chanteur : « Je vous présente M. Capoul ; il est ce soir d'une familiarité adorable. »

J'ai eu la bonne fortune de passer deux après-midi à Vienne avec la princesse, quelque trente-six et trente-sept ans après la chute de l'Empire. Et ce furent des heures ensoleillées, où ressuscita devant moi un régime brillant, qui s'en allait vers sa fin au moment où j'entrais dans la vie de société. La princesse avait mis de l'eau dans son alcool intellectuel, pas beaucoup pour le passé, pour son séjour à Paris, beaucoup pour le présent. Elle voulut bien, cependant, me donner quelques tuyaux sur la noblesse de Vienne qui, dit-elle, se divise en trois catégories : la crème, le lait et le petit lait, — et parla avec une bienveillance, parfois fourrée d'ironie, des principaux personnages de la Cour des Tuileries. « Il ne faut pas prendre au mot mes boutades du temps jadis, remarquait-elle ; j'étais jeune alors, on me passait et je me passais les propos les plus... Voyons, trouvez-moi l'épithète. — Les moins protocolaires. — Autre chose. — Les plus débridés ? — Débridés, c'est cela ; débridés, ça dit tout. En réalité, l'Empereur et l'Impératrice gagnaient beaucoup à être connus ; maintenant je leur rends justice, ainsi qu'à la France que j'aime.

Princesse, interrompis-je, tout le monde connaît votre pari avec l'ambassadeur d'Allemagne, — si joliment gagné.

Elle parut satisfaite que je fusse averti de l'anecdote, me questionna longuement sur les salons parisiens, s'amusa de cette jeune protestante de dix-sept ans qui voulait se convertir au catholicisme « pour faire la

noce » ; du mot de Baudelaire affirmant que le droit
le plus sacré de l'homme est de se contredire ; de la
remarque du curé de ¨¨ à une vipère mondaine qui
pour rien au monde n'eût manqué de jeûner : « Madame, le péché n'est pas ce qui entre dans votre bouche, mais ce qui en sort, — de cette définition du hasard : la forme laïque de la Providence.

Oui, reprit-elle ensuite, cette Cour des Tuileries
où j'ai vécu de si belles années, était charmante ; elle
avait la vie, le mouvement, la beauté, tous les rayon-
nements. Et pas plus amorale que les autres Cours.
Je lui appliquerais volontiers la maxime du sceptique :
« Je crois à la vertu limitée. » L'Empereur était très
gentleman et gentilhomme ; ce n'est pas lui qui aurait
tenu à une femme le propos de son oncle à ma belle-
mère : « Comtesse, nous maigrissons, nous vieillis-
sons, nous enlaidissons! » Quel compliment ! Si je
l'avais reçu, *il* ne l'aurait pas porté en Paradis [1]. »

1. Dans un autre volume, je reviendrai sur ces conversations
de la princesse. Madame Charles Hayem, à qui je lisais ce chapitre, me fit remarquer que l'historiette du pari était oubliée, ou
inconnue de la plupart. La voici. Après 1870, la princesse, dans
un salon de Vienne, se porta le champion de la France contre
l'ambassadeur d'Allemagne « Il n'y a de grâce, de bon goût, d'esprit, qu'en France, s'écria-t-elle. Donnez au Français n'importe
quoi, mot ou objet, je gage que l'ingéniosité parisienne en fera
quelque chose de charmant. — Princesse, reprit le diplomate,
j'ai bien envie de tenir votre pari : voici un cheveu, je serais
curieux de voir ce qu'il peut devenir entre les mains de vos
amis. — Vous le verrez. — « Un mois après, l'ambassadeur reçut
un cadeau de son interlocutrice : le cheveu envoyé à Paris, s'é-
tait mué en bijou ; serti d'or et de diamants, il supportait deux
petites balances, dont l'une figurait l'Alsace, l'autre la Lorraine ;
et, sur le ruban, serpentant le long du léger support, on lisait
ces mots, prophétiques à longue échéance : « Vous ne les tenez
que par un cheveu! »

La Comtesse de Castiglione.

Belle de la tête aux pieds, *d'une beauté de chair, non d'une beauté d'âme*, la comtesse de Castiglione ne plaisait pas à tous, les hommes la contemplant à travers leurs sens, les femmes la voyant à travers le microscope de leur jalousie. Celles-là mêmes qui confessaient la splendeur de cette beauté, semblables à cette duchesse de Narbonne qui, vis-à-vis de Napoléon Ier, en restait à l'admiration, traduisirent leur sentiment par des traits sanglants comme celui de Madame Rimski-Korsakoff, un jour que la comtesse, déjà au déclin de sa faveur, portait un costume fantaisiste de reine d'Étrurie : « Quel adorable costume de reine détrônée vous avez là, Madame ! » Agent secret de son cousin Cavour et du roi d'Italie, politicienne tumultueuse, fantasque, impulsive et théâtrale, elle a tout de même, à certaines heures, l'esprit et la diplomatie de cette beauté qui troublait Pélissier lui-même ; il lui adressa des versiculets qui font penser à l'ours voulant faire le gentil.

> Le madrigal et la satire
> Trouveraient à vous peindre un embarras égal ;
> Car, qui parle de vous a même peine à dire
> Assez de bien qu'un peu de mal.

Un guerrier en chemin de fer, inspiré par les Grâces, retour de Crimée : 1855. Maréchal Malakoff, souvenir à la comtesse de Castiglione. »

A un bal au Ministère des Affaires Étrangères (1857), la comtesse de Castiglione porte un costume très fantaisiste, très hardi, moitié Louis XV, moitié actuel, baptisé : *dame des cœurs*. Les jupes, retroussées sur le jupon de dessous, ainsi que le corsage, se trouvaient enlacées de chaînes portant des gros cœurs ; comme la cheville avait aussi son bracelet-cœur, on ne manqua point de railler : le costume est beau, mais le cœur est trop bas. La merveilleuse chevelure de la comtesse ruisselait autour de ses tempes, de son front, et retombait en cascades sur son cou. Le costume, éblouissant d'or, était magnifique « et quelques bons béotiens, affirme Vielcastel, admiraient le talent de la comtesse pour subvenir, avec quinze mille francs de rente, à une vie de luxe et de plaisir. » Les sages murmuraient : « Il n'y a d'Empereur que l'Empereur, et la Castiglione est son prophète. » Plus d'une femme laissait éclater sa jalousie, les hommes impartiaux ne pensaient qu'une chose qu'ils ne disaient pas : je voudrais être à la place de l'Empereur... La fière comtesse n'a pas de corset, elle poserait volontiers devant quelque Phidias, s'il s'en trouvait un par le temps qui court, et elle poserait parée de sa seule beauté... La Castiglione était l'événement du bal... L'Empereur ne connaît pas ceux qui partagent son bonheur. »

Poserait... que dis-je ? Elle demanda à Paul Baudry de la peindre nue sur un canapé, comme fit Goya pour la duchesse espagnole : et puis elle fut jalouse d'elle-même, prit des ciseaux, taillada le portrait, finit par le jeter au feu. Quel étrange et sacrilège autodafé ! Quelle inepte rage ! Se détruire soi-même devant la postérité, devant l'histoire ! Que pèserait la plus éclatante beauté, sans les poètes de la plume, de l'ébauchoir et du pinceau ?

La duchesse Colonna de Castiglione, ne voulant pas être confondue avec la Castiglione favorite, recommandait plaisamment aux serviteurs chargés de nommer les invités : « *Annoncez la laide* ! » La comtesse lui rendait amplement ses dédains ; elle les rendait même à toutes les femmes, et se peignait hautainement dans ce billet à Louis Estancelin : « Je suis moi et m'en contente, ne voulant rien être par les autres et pour les autres. Et pourtant, je vaux certainement mieux que telles et telles. Seulement je reconnais que je ne parais pas bonne, à cause de mon caractère fier, franc et libre, qui me fait être en tout et pour tous, *carrée*, *crue* et *dure*. De sorte qu'on me déteste, mais ça m'est égal. Je ne tiens pas même à plaire. » Bien entendu, tout ceci ne concernait que les femmes ; pareillement Madame de Montespan drapait ses rivales, traitant de *haillon* la belle de Ludres. La comtesse faisait des frais d'amabilité pour les hommes et les directrices de certains salons, montrait même son bras, son pied aux artistes dont elle croyait pressentir le muet désir : le sens de la pudeur délicate semble lui avoir totalement manqué, non moins que le sens de la mesure, des proportions et des nuances. Et sans cesse, elle répétait cette phrase qui, à force d'être redite, avait pris dans sa pensée la rigidité d'un dogme : « J'ai fait l'Italie et sauvé la Papauté ! » Elle s'imaginait aussi avoir rendu les plus grands services aux d'Orléans, et le duc d'Orléans, le duc de Chartres, furent ses amis fidèles.

Il paraît qu'elle ne demandait pas à ses visiteurs une pensée vague, quelconque, pour son album, mais un certificat en forme de l'agrément, moral j'espère. qu'ils avaient eu en sa compagnie. Voici les dernières lignes de l'attestation que délivra Berryer : « Je certifie, pour tous ici présents et à venir, que, ni le port éclatant de la comtesse de Castiglione, ni son étrange beauté parfaite, ni sa jeunesse fleurie, ni sa situation exceptionnelle à travers l'univers, ni ses lèvres superbes, ni ses yeux flamboyants ou tristes, ne disent tout ce qu'il y a en Elle d'esprit, d'intelligence, de bonté, de cœur et de rare pénétration. »

Louis Estancelin, que j'ai eu l'honneur de recevoir en 1870 à Pont-l'Evêque, où j'étais Sous-Préfet, et que je revis ensuite, tantôt à Paris, tantôt en Normandie, vécut quarante-cinq ans dans l'intimité de cette fastueuse étrangère ; et sans doute il planta avec elle *le clou d'or de l'amitié*, pour parler comme Sainte Beuve. Il y a, entre les hommes et les femmes de cette sorte, une foule de sous-entendus piquants, des relations mixtes, où les frontières de l'amitié, du platonisme, de l'amour pur et simple, se confondent à certaines heures, empiètent les unes sur les autres en de curieux mélanges faits pour déconcerter les psychologues les plus pénétrants. Louis Estancelin avait beaucoup d'esprit, et je prenais plaisir à l'entendre égrener le chapelet de ses impressions sur cette bizarre créature, diplomate occulte, jouant tout de même un rôle dans la formation de l'unité italienne, correspondant avec les plus grands personnages de son temps, Victor Emmanuel, Cavour, Pie IX, Napoléon III, etc..., se condamnant, après le déclin de sa faveur, à une retraite romantique, où elle n'entr'ouvrait sa porte qu'à un petit nombre de familiers, où ses bizarreries semblaient encore avoir pour but de frapper l'opinion publique, et ce monde qu'elle fuyait avec autant de soin qu'elle le recherchait jadis. Et cet appartement de la place Vendôme, où elle passa quinze ans, proscrivant miroirs et glaces, ne sortant point le jour, entourée d'un réseau de fils électriques qui servaient à un service intérieur excluant tout concours étranger, la voiture attelée à sa porte de onze heures du matin à onze heures du soir, et presque jamais employée! Et les promenades, le soir autour de la place Vendôme, escortée de deux affreux roquets auxquels elle témoignait une affection qu'elle n'avait guère accordée aux hommes, et qu'elle voulut qu'on enfermât dans son cercueil, à la manière des châtelaines du moyen âge! Et son éternelle, orgueilleuse cantilène, quand frappant du bout des doigts ses lèvres, elle répétait à satiété : Vous voulez savoir ce qui a fait l'Italie ? C'est cela ! Encore cela ! Toujours ceci ! Et, pour finir, l'appartement de la rue Cambon, les dernières volontés méconnues par l'intervention du gouvernement italien que seconda le gouvernement français, la surveillance de sa succession, l'examen des papiers, des correspondances, arraché à la justice française, la comtesse traitée cette fois comme un véritable homme d'Etat !

L'histoire des reines de la main gauche mérite d'attirer notre attention, et parce qu'elle montre, en raccourci, toutes les extrémités des splendeurs et des misères humaines; et parce que, en mettant au service de leur beauté ces immortels auxiliaires : l'esprit, la science et l'art, ces femmes ont singulièrement contribué à l'agrément de la Cour et de la société élégante ; — et parce que leur triomphe atteste la toute-puissance de l'amour :

> Ce Dieu qui se repaît de notre sang humain,
> Ayant au dos la trousse et l'arc dans la main.

Si l'oubli du devoir, la violation de la loi morale, comportent des circonstances atténuantes, c'est dans ces situations exceptionnelles où, la raison d'Etat imposant silence aux sentiments particuliers, les princes obéissent plutôt à leur cerveau qu'à leur cœur ; où l'éblouissement de la puissance fascine les personnes auxquelles ils demandent ce que le mariage leur a refusé, entraîne celles-ci dans un vertige de grandeur, joueuses héroïques, éprises d'invraisemblable, curieuses éperdues qui recommencent le rêve de leur aïeule, et veulent conquérir un paradis défendu. Il en est de plusieurs sortes : celles-ci n'ont aimé que l'homme dans le roi, celles-là n'ont cherché que le roi dans l'homme. Grâce à la raison d'Etat, le favoritisme devint peu à peu, en France et ailleurs, une institution régulière, avec ses conséquences politiques, puisque Henri IV reconnut ses enfants naturels ou adultérins, et que Louis XIV osa les légitimer, les déclarer aptes à lui succéder, avec ces contrats authentiques aussi, en vertu desquels nos rois accordaient à la dame titres, pensions, bénéfices, rang officiel à la cour. Napoléon III n'alla pas jusque-là, il n'aurait pas osé, et d'ailleurs de ces aberrations le temps était passé.

CHAPITRE V

SILHOUETTES ANECDOTIQUES DE 1852 A 1870

Plus j'avance dans la vie, plus je constate qu'aux hommes comme aux siècles il est presque impossible d'aller droit, qu'il faut renoncer à les suivre dans leurs méandres, dans le dédale des nuances, des arrière-pensées et des actions mixtes. Etudier un personnage dans toutes ses métamorphoses, avec la patience du juge d'instruction qui recherche la trace d'un crime, en faisant table rase de ses préjugés, sans écouter les bavardages de l'opinion générale, ce travail exige un esprit souple, désintéressé, habitué à se dédoubler, et d'une patience à toute épreuve. Car, cette opinion générale, de quels vains bruits, de quelles calomnies ne se nourrit-elle pas souvent ? Nous voyons par les besicles d'autrui qui ne voit guère, nous aimons, nous haïssons, pour quels frivoles motifs, tout de reflet et de réverbère ! Les nobles sentiments ne courent pas les rues ; le temps, la capacité d'affection, font souvent défaut.

De même, si nous voulons lier connaissance avec un homme d'autrefois, il est nécessaire de l'aimer véritablement et pour lui-même, d'entrer avant dans sa vie, en se plaçant dans les conjonctures où il s'est trouvé, de savoir, non seulement ce qu'ont dit ceux qui en ont parlé, mais pourquoi ils en ont ainsi parlé. Un aviron droit semble courbé dans l'eau; la même action se prête aux interprétations les plus diverses. On sait l'aventure de l'historien anglais qui perçoit du bruit dans la rue, se précipite, regarde, s'informe, et entend dix versions contradictoires sur la cause du tumulte. Et l'on songe involontairement à la remarque, et ironique et modeste, d'un autre historien, Ernest Lavisse : « Il y a deux faits à peu près certains : Charlemagne, Napoléon, ont existé; pour le reste l'histoire brode. » Entre ceux qui affirment, et ceux qui doutent toujours, ceux qui ont cru voir, et ceux qui n'ont rien vu, entre la vérité et le mensonge, il y a tout de même des points de repère, des présomptions de droit, (juris et de jure) comme disent les jurisconsultes. Certaines pilules, celles de strychnine par exemple, sont dosées au millième; c'est dans cette mesure ou à peu près, qu'un écrivain peut se flatter de peindre un personnage au dedans et au dehors, dans ses diverses phases et évolutions. C'est avec ce sentiment de réserve timorée, que je soumets au public ces fragments de lectures et de causeries.

Trois Maréchaux.

Après le retour de Crimée, l'Empereur dit au gé-

néral Canrobert : « Vous êtes maréchal de France !
— Ah ! Sire, merci ! Laissez-moi l'écrire à ma mère !
— C'est fait, dit l'Empereur. » Deux beaux mouvements : un brave soldat qui pense à sa mère, un roi
qui a eu la délicatesse d'en avertir la mère, avant
même d'en avoir parlé au fils. » Docteur Ménière.

« Le Maréchal Baraguey d'Hilliers, se sentant
mourir, adressa d'Algérie, à ses amis de France, une
carte de visite avec cette mention P. P. C. (Pour
prendre congé). Quelle simplicité héroïque et quelle
philosophie ! — Jules Troubat.

Sang-froid de Pélissier.

Dans une heure d'exaspération causée par le sentiment d'une injustice, un grenadier tire un coup de
pistolet sur Pélissier ; le coup rate, et, sans qu'un
muscle de son visage bouge, le maréchal laisse tomber ces mots de pardon : « Quatre jours de salle de
police pour mauvais entretien de vos armes ! »

Un autre mot de Pélissier, un des plus convena-
bles. Pendant le siège de Sébastopol, le capitaine
Marguenat, atteint de dysenterie, est obligé de rentrer en France ; mais il faut prendre congé de Pélissier qui n'aime pas ces départs-là, fussent-ils légitimes et indispensables. Cependant le général en chef
l'accueille très bien, et, la cérémonie terminée,
Marguenat joyeux, a déjà franchi la porte, lorsque son
chef, la rouvrant, l'interpelle : « Dites donc, Marguenat, vos chevaux, vous nous les laissez ?... Ils
n'ont pas la colique... eux ! »

Chassé par les épaules.

Le cardinal de Bonnechose, archevêque de Rouen, Sénateur du Second Empire, assistait à une soirée aux Tuileries. Il fit le tour des salons, et s'achemina vers la sortie — Comment, M. le Cardinal, observa l'Impératrice, vous nous quittez déjà ! — Hélas ! Madame, répondit-il, je suis chassé par les épaules. » Il paraît que les dames avaient tant mis d'étoffe dans la traîne de leurs jupes, qu'il n'en était presque pas resté pour le corsage. On était loin du temps où, pendant un concile, des cardinaux italiens assistaient à un bal et prenaient part aux danses.

La Comtesse de Montijo.

La comtesse de Montijo, ayant assisté au mariage de sa fille, va, *par ordre*, coucher au château de Saint-Cloud, part le lendemain pour l'Espagne. Le public commente sans bienveillance cet empressement à mettre au rancart la belle-mère, et un mauvais plaisant résume ainsi l'impression générale : « Le matin, la mère a été tirée à quatre épingles, et le soir à *cinq clous*. » Quolibets, calembours, vont leur train.

Tactique de séduction.

Napoléon Ier recommande à l'abbé de Pradt, qu'il envoie comme ambassadeur à Londres, *de donner des fêtes et de soigner les femmes*. Louis Bonaparte, président, met en pratique la maxime, et les prophètes ironistes tirent la moralité de cette tactique : « Il fait danser la République, en attendant qu'il la fasse sauter. » Docteur Ménière.

Légitimistes ralliés.

Un certain nombre de légitimistes se rendent à une invitation de l'Empereur, prélude d'un ralliement plus ou moins prochain : ils pensaient là-dessus comme les royalistes qui acceptèrent des fonctions à la cour de Napoléon Ier, croyant ainsi rentrer dans leurs droits. La Marquise de la Roche-Lambert approuva carrément X. d'avoir agi de la sorte : « En quoi sa présence à la Cour peut-elle étonner ? Après tout, ces Bonaparte sont en campement dans le *château*. Les Tuileries sont à nous, et nous y sommes toujours chez nous. » Une femme de l'aristocratie se montra infiniment avisée : elle fit le voyage de Frohsdorff pour demander l'autorisation de servir l'Impératrice, et le comte de Chambord la lui accorda. Par contre, le marquis de Pastoret s'étant rallié, ses amis lui envoyèrent leurs cartes avec un *P. P. C.*

Un Lundi aux Tuileries

... Les danses ne commencent qu'une demi-heure
après l'arrivée de Leurs Majestés. Cet intervalle,
consacré aux présentations, constitue ce qu'on appelle
le *cercle*. Puis l'orchestre entame un quadrille. C'est
le quadrille d'honneur, où figurent d'ordinaire la
princesse de Metternich, le duc et la duchesse de
Mouchy, et les étrangers de distinction qui ont été
présentés à Leurs Majestés.

L'Empereur cause beaucoup (?) et en général, assez
longuement, toujours debout, presque sans gestes ; il
paraît procéder par interrogatoires et brèves remarques, en homme plus soucieux d'être éclairé sur l'objet
de l'entretien, que de tenir le dé de la conversation. Ce
soir le voici qui s'arrête devant le baron de Rothschild. Le cercle s'est aussitôt formé derrière les deux
interlocuteurs, serré, attentif, s'épuisant à lire sur les
visages les paroles que la distance empêchait d'entendre. L'Empereur, la tête un peu penchée en avant,
souriait, la main derrière le dos, à demi-fermée ; une
vraie main d'écrivain, pâle, nerveuse, intelligente ;
elle n'est presque jamais gantée. Sa Majesté paraissait goûter la conversation du spirituel financier, car
l'entretien dura près d'un quart d'heure...

Le buffet occupe le salon Louis XIV. A minuit, on
y sert un médianoche, une sorte de souper, dédié aux
gens graves et fatigués qui n'ont ni filles ni femmes
sous les banderolles du cotillon. Le vrai souper a lieu
à l'issue du cotillon, debout, donnant l'essor à un nouveau regain de causerie intime, et conduisant la fête
jusqu'à deux heures environ.

C'est à minuit et demie que le marquis de Caux, avec une ponctualité militaire, prend le commandement du cotillon. Il danse avec une jeune personne qui lui est désignée par l'Impératrice. Le cotillon a une réputation, fort méritée, d'entrain et de bel ordre. Sur tout le vaste pourtour du salon du Premier Consul. il n'est pas une chaise vide. M. de Caux a eu l'honneur de voir, à plusieurs reprises, valser sous ses ordres le prince de Danemark... Notons, en passant, que les gilets blancs sont en minorité ; on pourrait dire les *Cinq*. Cependant ce devrait être d'étiquette pour ces fêtes printanières... » *La Vie Parisienne*, 2 juin 1866.

Longtemps avant, vers 1858, à un autre lundi de l'Impératrice, on commenta beaucoup certaine réplique du baron de Rothschild au comte de Cavour, comme le premier ministre lui disait en souriant : « Jouons à la hausse, achetons ensemble, je donnerai ma démission, il y aura une hausse de trois francs — Vous êtes trop modeste, M. le Comte, vous valez bien six francs. »

Et le mot de Cavour, lorsqu'on lui reprocha de ne s'être pas opposé au mariage de la princesse Clotilde avec le prince Napoléon : « J'avais déjà donné le berceau, je pouvais bien donner l'enfant. » Mais voici une maxime de Cavour qui plut beaucoup moins à la cour des Tuileries : « La plus mauvaise des chambres est encore préférable à la plus brillante des antichambres. »

Les invités des Compiègnes.

Les séries de Compiègne impriment à cette cour un cachet exceptionnellement original d'élégance de bon aloi.

A eux seuls, les savants, les artistes, les écrivains fournissent un appoint intellectuel de premier ordre; on en jugera par cette nomenclature, incomplète, de ceux qui firent partie de ces fournées.

Savants : Joseph Bertrand, Claude Bernard, Chevreul, Faye, Flourens, Ch. Delaunay, Franck, Egger, Jamin, Pasteur, A. Maury, Rénier, J. Oppert, de Longperrier, Milne-Edwards, Ravaisson, Leverrier, de Rougé, Wolowski, Sainte-Claire Deville, Würtz.

Artistes : Auber, Cabanel, Berlioz, Bonnassieux, Carpeaux, Cornu, Gustave Doré, Paul Dubois, Paul Baudry, Garnier, Bartholdi, Couture, Bida, Barye, Gounod, Léon Gérôme, Félicien David, Guillaume, Fromentin, Cavelier, Horace Vernet, Meyerbeer, Verdi, Meissonier, Hittorf, Viollet-le-Duc, Flandrin, Hébert, Lefuel, Pils, Léon Coignet, Mermet, Amaury-Duval, Ambroise Thomas, Eugène Lamy, Robert-Fleury, Mercié, Moreau.

Écrivains : Emile Augier, Edmond About, Gaston Boissier, Edme Caro, Paul Janet, Octave Feuillet, Camille Doucet, Alexandre Dumas, Emile de Girardin, Jules Sandeau, Alfred de Vigny, Flaubert, Ponsard, Nisard, S. de Sacy, Albéric Second, Paul Féval, Victor Duruy. — Une des très distinguées filles d'Adolphe Franck, Madame Charles

Hayem, m'a dit l'impression de gaieté causée par son père, lorsque, terminant une causerie sur certain sujet, il ajouta : « Au reste, je mets mon opinion sous le patronage de mon si admirable oncle, Jésus de Nazareth. » On sourit, et quelqu'un demanda si la qualification d'*oncle* ne serait pas plus exactement remplacée par celle de *neveu*.

Les séries et Méry.

On demandait à Méry, s'il ne figurerait pas dans une des séries de Compiègne.

Impossible, gémit-il, on ne voudrait pas de moi ; les *séries* ne peuvent me souffrir.

Il perdait toujours aux jeux de hasard, où la série est un des pseudonymes de la chance, et, comme telle, l'objet de tant de désirs.

Quelqu'un entendit ce propos d'invitée : « Je fais partie d'une série : j'ai vendu un moulin. » Et d'ajouter qu'elle devait dire vrai, car il lui restait encore bien de la farine sur le visage.

La Comtesse de Pourtalès.

Madame de Pourtalès, Alsacienne, très patriote, se décide à prévenir l'Empereur de l'animosité que manifestait unanimement la Prusse à l'égard de la France, et qu'elle a elle-même constatée pendant un séjour à Berlin en 1868. Napoléon III, trop illuminé, lui aussi, pour être éclairé, se contenta de sourire, et de répliquer : « A travers quels nuages ces beaux yeux bleus ont-ils donc vu l'avenir ? Pour faire la guerre, il faut être deux, et nous ne la désirons pas. » Et les rêveurs n'écoutèrent pas plus la comtesse, qu'ils n'entendirent Stoffel, Thiers, Nefftzer et quelques autres : mais, c'est un grand honneur pour sa mémoire d'avoir vu et signalé le danger, résisté aux tentatives enjôleuses de Bismarck pour l'enrôler sous sa bannière. Les rôles de Cassandre sont les plus ingrats de tous.

Serment du Jeu de Paume.

Ouverture des Chambres. (Session de 1870), dans la salle des Etats, aux Tuileries :

Le discours du trône, et la fameuse phrase : « L'ordre, j'en réponds ; aidez-moi à fonder la liberté ! » accueillis par des applaudissements répétés. A la sortie, froide poignée de main échangée entre le Prince Impérial et le Prince Napoléon. Quelqu'un souligne : « *Voilà, certes, un serrement de jeu de paumes.* »

Blanche de Castille, Non !

Après l'attentat d'Orsini (1858) des régiments, des corps d'armée envoyèrent de nombreuses adresses, affirmant leur dévouement à l'empereur, à l'Impératrice et au prince Impérial. Dans plusieurs de ces adresses, on retrouvait la comparaison avec Marie-Thérèse ; d'autres évoquaient Blanche de Castille, et, dans le salon Pozzo, un ironiste rectifia la comparaison : « Blanche, oui ; de Castille, oui ; Blanche de Castille, non. »

Tout de même, dans les salons les plus royalistes, on trouvait que Victor Hugo allait un peu loin, lorsque, écrivant *les Châtiments*, il fulminait sa colère : « Je le retourne sur le gril. Je me charge de l'avenir de ce drôle : je le conduirai à la postérité par l'oreille. »

Couplet chanté en 1851

Les uns disent ceci, et les autres cela.
Tous disent : Qu'on me choisisse.
Mais à son tour la France parlera ;
Il faut que ça finisse.

Epigramme après le 2 Décembre 1851

Transports de joie dans la province,
Transports de joie dans les cités,
Jamais avènement de prince
Ne vit autant de transportés.

Que de gens disposés à répéter le refrain du sceptique !

L'idéal serait que la France
Possédât un gouvernement
Ouvrant les cœurs à l'espérance,
Mais n'ouvrant pas le Parlement.

Morny sur le prince Napoléon, et le prince sur Morny.

Opinion du prince Napoléon sur Morny (1865) : Il a

du courage, de l'intelligence ; c'est le plus intelligent de tous, mais il est paresseux et n'a pas de moralité. Je le déteste comme étant l'incarnation du Coup d'État.

Opinion de Morny sur le prince Napoléon, à la même époque : « Il a de l'esprit, mais il manque de bon sens. »

Les conclusions du général du Barail.

Longtemps déjà avant la guerre (de 70), un familier du château disait au général du Barail : « L'Empereur, voyez-vous, a tellement peur des scènes d'intérieur, qu'il serait capable de mettre le feu aux quatre coins de l'Europe, pour se soustraire à une de ces scènes de ménage auxquelles il prête trop souvent le flanc par ses infidélités. »

L'Impératrice, affirme ce général, poussait désespérément à la guerre, afin de réparer la faute commise en 1866, et asseoir solidement le trône de son fils.

... « C'est parce qu'elle fut plus mère que femme, c'est parce qu'elle croyait le pouvoir plus en sûreté dans ses mains de Régente, que l'Impératrice, d'accord en cela avec ce qu'on appelait le parti militaire, fit partir, pour commander l'armée, un pauvre homme qui n'avait même plus la force de régner... Toute puissante sur l'esprit de l'Empereur, l'Impératrice exerçait aussi une influence considérable sur le conseil des Ministres... »

Le Général énumère d'ailleurs d'autres responsables :

Les bureaux de la guerre routiniers, l'opposition

du Corps Législatif, l'infatuation des principaux chefs militaires et du duc de Gramont.

Bismarck et la Cour.

Quant à Bismarck, les très curieux mémoires d'*Un Anglais à Paris*, soulignent cette stratégie :

« Sa politique a consisté à payer à Paris des notes de modistes et de couturières, pour des femmes dont l'élégance et le charme personnels le laissaient profondément indifférent. » Toute la tactique séculaire de l'espionnage prussien dans une seule phrase !

Le Comte Vandal.

Directeur général des Postes, conseiller d'Etat, le Comte Vandal, comme Commissaire du Gouvernement auprès de la Chambre des Députés, avait dû réfuter les critiques de Guéroult, et il s'était acquitté de sa tâche avec une rare maëstria ; ce qui fit dire à Napoléon III : Décidément M. Vandal est un homme de poste et *de riposte*.

Fête manquée.

Le comte de Maugny raconte qu'au début de l'année 1869, le prince de Galles, le prince de Sagan, le prince d'Hénin, et un parent de l'Empereur, ayant organisé un goûter à Trianon, Sa Majesté envoya des voitures, son cuisinier et son service ; mais le prince de Sagan et le prince d'Hénin, qui n'étaient pas présentés à la Cour, refusèrent d'aller au rendez-vous, la petite fête fut manquée, et l'incident égaya les salons de l'opposition.

Nigra.

« L'ambassadeur qui me frappa le plus fut le chevalier Nigra, l'élève préféré du comte de Cavour. Le comte le connaissait bien : il lui avait confié, presque de prime saut, le poste important de Paris. Travailleur le matin, très homme du monde le soir, le Chevalier cultivait toutes les relations qui pouvaient accroître son crédit auprès des Souverains. Après ses dépêches au ministre italien, qui était encore à Florence, et non point à Rome, Nigra rimait volontiers, et lisait souvent ses vers aux thés de l'Impératrice » (E. Pinard.)

Tout de même, des vers français griffonnés et lus à la Cour par un diplomate étranger !

Marquis de Moustier [1].

Le marquis de Moustier représentait, par son ori-

1. La duchesse de Marnier, fille du Marquis, m'a honoré de son amitié pendant trente ans et plus : elle m'a raconté, sur les ambassades et réceptions de son père, une foule de souvenirs pittoresques qui trouveront leur place dans un autre chapitre.

gine, son éducation, les tendances de son esprit, cette partie de l'aristocratie légitimiste, qui avait été libérale sous la Restauration, à peu près neutre sous la Monarchie de Juillet, défiante, puis hostile sous la République de 1848, et qui se ralliait volontiers à l'Empire, en le voyant assurer, au moins pour un temps, l'œuvre de la conservation sociale.

Jeune fille décidée.

Mademoiselle Laffitte, qui devint princesse de la Moskowa, avait, toute jeune encore, le sens de la combativité. Sa mère, malgré sa résistance, la force à monter en voiture pour faire avec elle des visites ; en arrivant, elle dit à sa fille de descendre : « Cela m'est impossible, répond-elle ; j'ai retiré mes bottines, et je les ai jetées par la fenêtre. Je suis nu-pieds... »

Le Régiment des Guides.

« La composition de ce corps d'élite atteste le souci qu'avait eu Fleury de rallier à son souverain nombre de jeunes gens de familles aristocratiques, séduits par le port d'un joli uniforme, et le séjour dans une agréable garnison. Les annuaires militaires de l'époque vous diraient leur noms : Saint-Pierre, Galliffet, Villeneuve-Bargemont, Montesquiou-Fezensac, Kérouartz, Navailles, Saintenac, Boson de Talleyrand-Périgord, Chézelles, Comminges, Tocqueville, Rohan-Chabot, Fitz-James, et aussi leur futur colonel, ce charmant et distingué prince Joachim Murat, comme la plupart d'entre eux, hélas ! aujourd'hui disparu.

« Deux d'entre nous prenaient chaque jour le service aux Tuileries avec leur peloton, l'un pour accompagner le Prince Impérial dans sa promenade journalière au Bois, l'autre pour escorter Leurs Majestés, le soir, quand Elles allaient au théâtre.

« En rentrant au Palais, après le spectacle, l'aide-de-camp de service disait à l'officier : « Lieutenant, l'Empereur vous invite à dîner demain. » Et le lendemain, en grande tenue, sabre au côté, l'invité était assis à la table impériale, en présence de l'Impératrice, dans tout l'éclat de sa radieuse beauté, au milieu des dames et des officiers de la maison, en service de semaine. »   (Marquis de Massa).

Vivier et Napoléon III.

Vivier *imitait* à merveille l'Empereur, visage, démarche, accent, port, tics, et ce talent ne fut pas étranger au bon accueil qu'on lui fit à la cour. Chez la Païva, chez Arsène Houssaye, chez madame Sabatier et quelques autres, il s'amusait à jouer le chef de l'Etat, promettant préfectures, recettes générales, décorations, bureaux de tabac. Avait-il à l'esprit certaine scène où un acteur de l'ancienne comédie italienne, assis par surprise sur le trône d'Henri IV, s'accordait à lui-même, au nom du roi, une foule de faveurs ? — Et puis, tout d'un coup, avant le dessert, le mystificateur reprenait sa personnalité : « Allons, j'abdique, disait-il, à la grande stupéfaction des non initiés. Aussi bien Vivier avait d'autres cordes à son arc, de l'esprit de bon aloi, de la gaieté, de la drôlerie. J'ai toujours été tenté d'appliquer à la mystification le mot de Victor Hugo sur le calembour : c'est la fiente de l'esprit qui vole. Et j'avoue que Vivier m'eût inspiré une sorte de dégoût, s'il n'avait à son actif que des farces comme celle de ce gros serpent, inoffensif d'ailleurs, don du directeur du Musée zoologique de Londres, qu'il s'esbaudissait à glisser dans quelque tiroir de commode d'hôtel. On juge de l'ahurissement du garçon, ou du visiteur ouvrant la commode, et apercevant ce singulier compagnon de voyage. « Ne faites pas attention, affirmait avec une belle indifférence Vivier ; il n'est pas venimeux. » Je me demande comment le mauvais plaisant n'a pas reçu quelques coups de canne des victimes de farces de si exécrable goût : ils eussent été bien mérités.

« Vivier, interroge l'Empereur, où avez-vous connu M. Rouher ? — A Riom, sire ; je sais de lui un mot charmant que je me plais à citer pour me faire honneur. — Que vous disait-il ? — Il me disait : *Je suis au Ministère de la Justice ; viens habiter ici, toi et ta trompette ; tu me feras plaisir.* — Il vous disait cela ? — Oui, sire. — Il m'est encore plus sympathique maintenant. »

Jasmin aux Tuileries.

Le perruquier rimeur Jasmin, que Lamartine s'amusa un jour à appeler : *le plus vrai et le plus grand poète du temps présent*, avait été présenté, par son compatriote Martial Delpit, à Augustin Thierry. Celui-ci donna une soirée en son honneur, et le mit tellement à la mode, que, plus tard, sous les auspices de Magne, l'auteur des *Papillotes* fut invité à dîner aux Tuileries. L'Empereur le place à côté de la princesse de X, et notre homme, tout d'abord, observe une réserve de bon goût. Mais voilà que l'Impératrice s'adressant à la princesse de X, remarque étourdiment : « Comment, princesse, avez-vous quitté aujourd'hui vos papillotes ? Elles vous allaient si bien ! » A ce mot, Jasmin se redresse, et, tout rasséréné, se lance : « Oh ! Madame, j'osais à peine parler, tout confus de l'honneur qui m'était fait ; mais si Votre Majesté chasse sur mes terres, je ne réponds plus de rien. » Et le poète agenais, débridé, piqué au vif, se montra dès ce moment plein de verve, d'entrain, récita ses meilleures pièces, obtint un succès de larmes, au point que l'Empereur finit par dire : « ce sera la soirée des mouchoirs. »

Un ancien artiste en chaussures.

Pendant un séjour cynégétique, aux Choux-Boismorand (Loiret) chez mon aimable ami Trezza de Musella, M. Gailhard ne manqua point de nous conter, avec une verve désopilante, sa conversation avec l'Impératrice. Il avait débuté comme apprenti cordonnier dans la boutique de son père, républicain farouche déporté à Lambessa ; devenu un célèbre baryton, il venait chanter aux Tuileries. L'Impératrice l'ayant félicité, il eut la hardiesse — la timidité ne l'a jamais étouffé — de dire qu'il connaissait son pied : « J'ai même encore en ma possession la mesure qui servait à chausser Votre Majesté — Comment ! sourit l'Impératrice, vous êtes le petit Gailhard ! » Le père était fournisseur d'un couvent où mademoiselle de Montijo fit son éducation. A rapprocher de cette historiette, celle de la mule que l'Impératrice ôte pendant un dîner d'apparat, et ne peut retrouver à la fin ; elle dut sortir de table en claudicant légèrement, et passer toute la soirée sans le soulier dont le pied s'était débarrassé pour se mettre au frais.

Le coiffeur Leroy.

Le bruit s'était répandu que la comtesse Stéphanie Tascher de la Pagerie préparait des Mémoires (qu'elle a en effet publiés beaucoup plus tard, vers 1894). Ayant appris la nouvelle, — on sait combien la race des coiffeurs est bavarde et indiscrète — Leroy, l'artiste capillaire à la mode, adresse à la comtesse cette bizarre requête : « Madame, réalisez un de mes vœux les plus chers. — Lequel ? — De vous coiffer pour rien et d'être dans vos Mémoires ! — Cher monsieur Leroy, j'ai une queue de rat en guise de chevelure : inutile de la coiffer, mais je chanterai vos mérites qui rendent vos dames si belles. » Et la promesse fut tenue. — Un de mes amis, à qui son barbier, intarissable diseur de riens, demandait comment il voulait être coiffé, répondit sèchement : « *En silence* ! » Leroy encourut la colère de l'Impératrice, pour avoir révélé à une dame de la Cour la coiffure inédite que devait porter Sa Majesté dans une réception, et avoir même inauguré cette *création* en faveur de l'indiscrète, le même jour. L'Impératrice se contenta de remplacer pendant quelque temps le coupable par son meilleur disciple. Dans une semblable conjoncture, la tsarine Elisabeth ordonnait à la comtesse Lapouchkine, en plein bal, de se mettre à genoux, la souffletait à tour de bras, et, plus tard, l'impliquait dans un complot, lui faisait arracher la langue par le bourreau, l'envoyait en Sibérie.

Edmond About, paraît-il, pour plaire à la souveraine et à ses amies, toujours en quête d'inventions originales dans la toilette, improvisait en petit comité de brillantes causeries sur les coiffures, les costumes et les fêtes d'autrefois ; parfois il réclamait une demiheure, une heure de recueillement, et conférenciait ensuite avec la plus piquante verve.

Club des Laides et club des Loutonnes.

Un soir, l'Impératrice fit à Napoléon III la surprise de réunir dans un dîner vingt des plus jolies femmes de Paris. On sait qu'à Paris, il y a toujours cent personnes, dont chacune, pour son entourage, est la plus jolie femme de Paris : et puis il y a les beautés du gouvernement, et les beautés de l'opposition. Voici les noms des élues : comtesse de Pourtalès, marquise de Galliffet, baronne Alphonse de Rothschild, marquise de Chasseloup-Laubat, baronne de Pierrebourg, duchesse de Morny, duchesse de Persigny, princesse Anna Murat, duchesse de Mouchy, comtesse Walewska, duchesse de Cadore, maréchale Canrobert, baronne Philippe de Bourgoing, marquise de Las Marismas, duchesse de Montmorency, marquise de Canisy, comtesse de Montebello, mesdames Léopold Magnan, Bartholoni, Carette, enfin la princesse de Metternich,

surnommée la *jolie laide*, représentant la beauté sociale; cette beauté particulière où s'amalgament, dans
la grande chaudière de la mode, la fortune, le rang,
les aïeux, les réceptions, la coquetterie, la volonté de
plaire, les loges à l'Opéra, la toilette, un physique pas-
sable. Aussi bien madame de Metternich était assez
sûre de sa beauté sociale, pour oser fonder le *Club des
laides*, qui eut son heure de célébrité, et se réorganisa
après 1870 sous l'étiquette de *Club des Loutonnes*.
Il paraît même qu'un mari, fort agacé des allures
excentriques de sa femme, Loutonne et émule de madame Benoiton, imagina, pendant une absence, de
déménager sa chambre, d'y transporter ses propres
meubles, de s'affubler d'un de ses peignoirs devant un
métier à tapisserie. Lorsqu'elle manifesta sa stupeur, il
répondit : « Puisque vous avez changé de sexe, il ne
peut vous déplaire que je m'essaie à perdre le mien également. Je joue les Pénélope. » Et — épilogue invraisemblable, — la jeune femme se corrigea sur le champ.

Réponse de Sandeau à l'Impératrice.

Jules Sandeau, interrogé par l'Impératrice sur les
moyens d'encourager les lettres, répondit : « Madame,
il faut commencer par les aimer. » Là-dessus Nisard
déclare que, dans une société démocratique, le souverain ne peut rien pour la direction des lettres, que c'est
à la société elle-même, puisqu'elle est son seul maître et son seul juge, de se faire une littérature, comme
elle a le devoir de se faire des mœurs. Tant vaudront
ses mœurs, tant vaudra sa littérature. — Cette théorie
ne comporte-t-elle pas quelques amendements?

Le comte Tascher de la Pagerie et Vielcastel.

On ne s'étonnera pas de trouver, sous la plume du grincheux Horace de Vielcastel, un portrait poussé au noir de Tascher de la Pagerie : (année 1853). Vielcastel fait des Ribéra, avec cette différence que ses silhouettes pèchent souvent par le défaut de ressemblance ; il voit l'humanité à travers ses latrines, oscille sans cesse entre la médisance et la calomnie, semble vouloir rendre ses contemporains responsables de ses fautes particulières. Il ne peint que la queue des sirènes, rarement leur buste, est un des coryphées de cette grande école de l'indiscrétion qui considère comme d'antiques sornettes le goût, le tact et la courtoisie, sacrifie tout à l'esprit, au désir d'amuser le lecteur, se repaît de bruit et de scandale. Ces gens là sont les fauves, les requins de la littérature historique ; ils ont eu des prédécesseurs, hélas ! deviennent de plus en plus nombreux, et leurs défauts prennent des proportions formidables. Rappelons en passant que Vielcastel commença un portrait de son frère, l'historien de la Restauration, par ces mots : « Mon frère n'a jamais connu les femmes que par ouï-dire. » Cependant il ajoute plus loin : « Il n'a jamais eu pour maîtresses que les femmes négligées ou sur le retour... »

« Le comique n'est autre que le premier chambellan, M. le comte de Tascher... « Imitez le dindon » lui a dit l'Impératrice ; et aussitôt le drôle a imité le dindon, il a gloussé, il s'est pavané, enfin il s'est montré plus dindon qu'un vrai dindon.

« Imitez le soleil » a dit l'Impératrice. Le chambellan, par les plus sottes grimaces, est devenu soleil.

« Imitez la lune ». Il a pris un air bête, et il a dit, en donnant à ses traits déjà laids une laideur plus grande : Voilà la lune.

Puis il a fait la tempête, et toutes les farces que comporte son état. — C'était misérable et ignoble ! Comprend-on qu'un gentilhomme de quarante huit ans se transforme en Triboulet pour faire rire à ses dépens?... » En admettant qu'il n'exagère point, Vielcastel oublie les facéties courtisanesques de Dubois avec Vendôme, de tant d'autres familiers des chefs d'Etat. La Cour n'est ni un couvent ni une école de philosophie puritaine.

Le maréchal de Castellane met les choses au point, tout en gardant le sourire :

« Le comte Charles Tascher de la Pagerie, premier chambellan de l'Impératrice, est un excellent homme, d'une petite portée, plein d'importance de ses fonctions. Il nous a raconté qu'il ne prend jamais de manteau, parce qu'il est obligé de porter le coussin et le châle de l'Impératrice. Il n'a jamais le temps de le prendre, cela lui procure des rhumatismes ; il raconte cela avec une noble fierté, comme un homme qui se distingue dans ses fonctions. »

Un autre chambellan.

Un chambellan précieux pour les chroniqueurs, était le vicomte Olivier Walsh. Autant le grand chambellan, le duc de Bassano, était sérieux et discret, autant le vicomte Olivier l'était peu. Ce n'est pas qu'il fût mauvais sujet, au contraire. Il ne péchait que par

la langue ; il avait un défaut complet de pronoacia-
tion, qui lui valait de la part de ses amis le surnom de
Barbouillaud, et il parlait toujours vite et beaucoup,
comme ceux qui ont cette pénible infirmité. Parlant
beaucoup, avec un cerveau aussi vide qu'une calebasse,
il parlait trop, et, fréquentant les salons du faubourg
Saint-Germain, il y faisait parfois des confidences qui
devenaient des armes aux mains des adversaires de
l'Empire. Ernest Pinard remarque finement que le
chambellan innocent sera toujours le chambellan le
plus dangereux. *Mieux vaudrait un sage ennemi.*

Le comte Bacciocchi.

Le comte Bacciocchi, premier chambellan, préposé
aux amusements des Tuileries, les faisait souvent
tomber du côté où il penchait, du côté de la gaieté
gauloise : on le surnommait *le bon enfant*, à cause de
sa parfaite obligeance et de sa franchise. « Courtisan
de premier ordre, sans en avoir toutefois les grandes
manières, il avait une bonasserie toute franche, et des
allures fort libres, avec le fonds de gaîté bouffonne
de l'Italien et du Corse, se prêtant facilement aux
caprices des puissants, sans toutefois oublier la route
à prendre ou à suivre pour arriver là où il voulait arriver. »

Heeckeren.

« Tantôt gentilhomme campagnard, tantôt boursicotier ; ici officier de la garde de l'Empereur Nicolas, là député de l'Assemblée Nationale, mais bouffon avant tout, le baron de Heeckeren est devenu un personnage : c'est le loustic du second Empire (Hübner).

Emile Ollivier en 1848.

Madame E. Adam, qui ne perd pas une occasion d'exécuter Emile Ollivier, trouve parfois des contradicteurs ; Girardin riposte un jour du tac au tac : « Emile Ollivier est admirable de diplomatie, comme il a été admirable de courage, en 1848, à Marseille. Vos Edmond Adam, vos Bixio, montant à l'assaut de la barricade avec leur canne, sont de simples conscrits auprès d'Ollivier faisant entrer l'émeute à la préfecture, et, seul, la haranguant et la renvoyant. »

Fatuité ministérielle.

Un beau mot de l'ancien ministre Léon Faucher : « La France est plongée dans le deuil ; elle ne peut se faire à l'idée d'être privée de mes lumières. C'est navrant. »

Une phrase étonnante, débitée, dans une audience de congé, par ce Narcisse de la diplomatie, le duc de Gramont : « Un diplomate doit toujours écouter en silence, et, quand son interlocuteur a fini de parler, il doit répondre : Je le savais. » — Cela fait penser à un autre illuminé, le prince de Polignac, ministre de Charles X en 1830.

Un mot du Tsar Nicolas Ier.

Pendant la guerre de Russie, les pétoffes, récits, médisances allaient leur train sur le compte du tsar Nicolas, et les belles dames de la Cour eurent un saisissement, lorsqu'un officier raconta l'aventure du poète conspirateur le comte Retieff, condamné à être pendu. Accroché au gibet, lancé dans le vide, il retombe de plusieurs mètres de hauteur, la corde s'étant cassée; les os presque brisés, il murmure quand on le relève : « On ne sait rien faire en Russie, pas même tisser une corde. » Qu'on lui prouve le contraire, ordonna le tsar! — Les Russes, malgré l'état de guerre, jouissaient d'une certaine popularité en France, et je me suis laissé dire, qu'à un lundi de l'Impératrice, la compagnie fut choquée, parce que le même officier avait commenté ironiquement l'histoire de ce pays, rappelé ce singulier proverbe national : « Le Russe ne vaut pas une claque, mais il mangera Dieu. » Personne n'avait prévu qu'il se mangerait lui-même.

Une réflexion du général Fleury.

Deux jours après la naissance du Prince Impérial, dans un dîner intime aux Tuileries, l'empereur s'étend longuement sur l'Observatoire et l'ouragan du 14 novembre 1854, qui avait si gravement éprouvé l'armée en Crimée, sur la possibilité de prévoir et conjurer de tels cataclysmes. Au dessert, l'empereur, qui ne prenait jamais de Champagne, s'en fait servir un verre, se tourne vers Canrobert et Bosquet, et annonce leur nouvelle dignité : « Je bois à la santé de deux de mes meilleurs amis, les maréchaux de France Canrobert et Bosquet. » Ceux-ci remercient, et Fleury ajoute : « Ce sont deux jeunes épées et deux cœurs de chaque côté d'un berceau. »

Le rimeur pratique.

Un déluge de poésies, sonnets, quatrains, odes, accompagne toujours chaque naissance princière, et, conformément à la tradition, ces compliments plus ou moins inspirés, parfois saugrenus, sont l'objet de récompenses où la faveur et le caprice ont plus de part que l'équité. Ainsi, lors de la naissance du roi de Rome, un aède besogneux apporta aux Tuileries une ode dont le refrain était :

> Si l'étranger, comme un faux homme,
> Voulait un jour nous asservir,
> Autour du noble roi de Rome
> Jurons de vaincre ou de mourir !

Il reçut trois mille francs.

A la naissance du comte de Chambord, le pauvre diable revint à la charge, et, expert dans l'art de tirer plusieurs moutures du même sac, il changeait deux ou trois vers, modifiant ainsi le refrain :

> Si, méditant notre ruine,
> L'étranger veut nous envahir,
> Autour du fils de Caroline
> Jurons de vaincre ou de mourir !

Les employés de la liste civile eurent le mauvais goût de reconnaître le pastiche : le pasticheur cependant eut quinze cents francs.

Même comédie à la naissance du comte de Paris, avec une légère variante dans le refrain :

> Ah ! Si l'étranger, dans sa haine,
> Voulait un jour nous asservir,
> Autour du jeune fils d'Hélène
> Jurons de vaincre ou de mourir !

Troisième gratification.

A l'avènement de la République de 1848, ce farceur ne manqua point de resservir son boniment, accommodé au goût du jour :

> Si l'étranger, dans sa furie,
> Un jour voulait nous asservir,
> Nobles enfants de la patrie,
> Jurons de vaincre ou de mourir.

Cette fois, le Trésor était à sec, il n'eut que cent francs, et il était probablement mort en 1856, car on n'entendit plus parler de lui. C'est M. Germain Bapst qui raconte les avatars de cette ode alimentaire, dans son excellente Histoire du Maréchal Canrobert.

Un autre Pindare départemental, lorsque la grossesse de l'Impératrice fut déclarée, chantait ainsi l'événement :

Madame

Dans vos bras amoureux quand vous pressez un homme
Qui vous fait concevoir,... peut-être un roi de Rome,
Votre cœur vous dit-il...?

Mérimée riait de bon cœur quand il parlait de cette poésie.

Origine d'un mot célèbre.

Un livre de M. de Barran : Les *Préfets de l'Aveyron*, m'a révélé le premier auteur d'un mot célèbre de Napoléon III. Il fut dit par le desservant d'une petite cure de village (en Meurthe et Moselle) devant son Grand Vicaire, l'abbé Delalle, qui le répéta en haut lieu ; tant et si bien qu'il vint aux oreilles de l'intéressé. Et celui-ci s'en fit une devise et un drapeau, comme le comte d'Artois s'était approprié en 1814 un mot de Beugnot. Le Grand Vicaire ayant conté le trait à monseigneur Minjaud, évêque de Nancy, celui-ci termina ainsi son adresse au Chef de l'Etat... « Vous êtes sorti de la légalité pour rentrer dans le droit. » Et Louis Bonaparte, dans une réponse à M. Baroche, débuta par cette phrase : MM. La France... *a compris que je n'étais sorti de la légalité que pour rentrer dans le droit.* Le mot eut un succès énorme, comme on sait ; monseigneur Minjaud devint Grand Aumônier de la Cour, archevêque de Bourges ; l'abbé Delalle fut aumônier de l'impératrice, évêque de Rodez ; le petit curé continua de végéter dans son humble paroisse.

Néro et l'Empereur.

Pendant une conversation de Napoléon III avec le

maréchal Canrobert (en 1866), le grand lévrier du Prince Impérial, Néro, que Carpeaux a sculpté aux pieds du jeune prince dans l'admirable statue qu'il a faite de lui, vint à sauter familièrement sur le fond du fauteuil de l'Empereur, et à s'y installer en le poussant. L'Empereur, loin de faire descendre le chien, céda à sa pression, et s'avança pour lui faire de la place : Néro, se trouvant encore trop à l'étroit, et habitué à ses aises, s'agita, poussant toujours, et l'Empereur, ne sachant pas résister, céda tant et plus, si bien qu'il se trouva bientôt assis sur l'extrême bord du fauteuil, tandis que le chien se prélassait à son aise dans le fond.

« Rien ne donnait mieux une idée du caractère de l'Empereur, dit le Maréchal Canrobert ; il agissait avec les hommes comme avec son chien ; il n'avait plus de volonté, il était maintenant incapable de résister à des demandes pressantes. Devenu avec l'âge de plus en plus fataliste, il laissait aller les événements, avec l'espoir qu'ils s'arrangeraient d'eux-mêmes. Sa bonté avait également augmenté : aussi le prenait-on par le sentiment, et, en lui parlant philanthropie, on en faisait ce qu'on voulait. M. de Bismarck l'avait déjà constaté en 1856, il s'en convainquit par la suite, et put agir en conséquence. »

Un mot peu galant.

Le général Rollin, parlant d'une dame de la cour, dont la fortune était inférieure à la position sociale, s'indignait brutalement : « Croiriez-vous que cette péronnelle trouve que je ne lui donne pas assez de quatre serviettes par jour pour sa toilette, elle qui, chez elle, n'a pas de chemise à se mettre *sur le dos?* »

Solliciteuse.

Quels titres avez-vous pour solliciter un bureau de poste de Sa Majesté, demandait-on à une dame? — Mes titres, les voici : l'Empereur (Napoléon III) s'est approché de mon petit garçon. « Ne pleure pas, lui dit-il, on t'en donnera un autre bien plus beau, bien plus grand que celui-là » — Sa Majesté a même daigné suivre des yeux, pendant deux minutes au moins, le petit ballon qui s'envolait. » L'Empereur, à qui l'on conta cette naïveté épique, se contenta de remarquer : « cette dame avait oublié de signaler cette circonstance dans sa requête. »

L'éternelle curiosité.

Vers 1864, madame Edmond Adam, jeune, belle, éloquente, éprise de gloire, ardente ennemie de l'Empire — cinq raisons d'être curieuse, sans parler des autres, — voulant absolument savoir l'opinion réelle de Mérimée sur l'Impératrice, harcelait de ses questions l'ami intime de celui-ci, le docteur Maure qui se faisait tirer l'oreille.

Mais la curiosité est-elle une qualité ou un défaut, le premier échelon de la science, ou le préliminaire du péché ! Les théologiens, les moralistes ont de ce chef des opinions fort discordantes. N'est ce pas une question d'espèce ? Et les filles d'Eve ne sont-elles pas aussi les professionnelles de l'indiscrétion ? — Le trait suivant n'eût pas manqué d'intéresser la belle républicaine.

Chaperons improvisés.

Pendant le temps des fiançailles de mademoiselle de Montijo [1], l'Empereur l'avait installée à l'Elysée, et les aides de camp jouaient auprès d'elle un rôle qui ne leur plaisait guère, celui de chaperons, de suivantes. « Il me fallait, murmure Canrobert, conduire chaque jour l'Empereur à l'Elysée, assister à ses entretiens, et me mêler de choses privées qui ne me regardaient nullement. Etant, durant une après-midi, à l'Elysée, je vis mademoiselle de Montijo se promener dans les allées humides. J'avais remarqué combien elle avait un joli pied ; je descendis après elle dans les jardins, en compagnie d'Edgard Ney, et, avec notre mouchoir, nous mesurâmes la grandeur exacte de la trace de sa chaussure. « Que faites-vous ? » nous cria-t-elle. Tout surpris, nous eûmes beau lui répéter que nous étions à la recherche d'un mouchoir perdu, elle n'en crut

1. Mlle de Montijo avait des parents à Bordeaux, les Santa-Coloma, originaires de Bilbao. Les Arcos, amis d'enfance de la Souveraine, ayant aux Tuileries leurs grandes et leurs petites entrées, demandèrent un jour à l'Impératrice si elle savait avoir un lien de famille avec les Santa-Coloma ; elle répondit : « Nous sommes, en effet, alliés. » M. de Santa-Coloma, qui vint en France vers 1820, fut pendant quarante-cinq ans Consul Général de la République Argentine à Bordeaux ; sa femme avait un salon qui, de 1845 à 1870, fit revivre les belles traditions des salons parlementaires de cette ville.

rien, car elle avait très bien vu le but de notre manège. »

Dupin aîné.

Un grand talent, un petit caractère. On l'a défini : le plus spirituel des esprits communs. Ne s'est jamais élevé jusqu'à l'homme d'Etat, s'est trop souvenu du Palais, du Code Civil, surtout du Code de procédure. Il ne voit dans le gouvernement qu'un tribunal agrandi, avec ses actions, exceptions, défenses, moyens dilatoires, et transporte dans la Chambre des députés ses allures d'avocat, de procureur général. A été président de la Chambre des Députés sous Louis- Philippe, a repris avec ivresse, sous Napoléon III, ses fonctions de procureur général qu'il avait abandonnées au moment des décrets contre les princes d'Orléans. Naturellement les raisons de cette pantalonnade n'ont pas manqué à un avocat si retors ; le véritable motif, c'est qu'il s'ennuyait de son inaction, ne faisait plus d'économies, et désirait recommencer à brouter au ratelier national.

On se gaussa de lui, et il n'avait pas volé les brocards (1857).

Tout pouvoir, à son tour, peut dire : il est des nôtres.
Aux proscrits Dupin dur, et Dupin tendre aux autres.
Pour prendre son siège il n'est pas indécis,
A soixante quinze ans, c'est bien Dupin rassis.
Jadis, à Saint-Acheul, ce fut Dupin béni.
A la fleur de ses ans, sur ses pieds voituré,
Ses souliers l'annonçaient, c'était Dupin ferré...

Oui, l'Empereur, sans aucun doute,
S'est bien trompé l'autre matin,
Croyant avoir l'ami Dupin :
Il n'a pris qu'une vieille croûte.

Et, à propos de son réquisitoire contre le luxe des femmes :

Vieux Dupin, en vain tu fulmines
Dans ton petit livre à deux sous :
Tu tapes sur les crinolines,
Ne pouvant plus taper dessous.

Dupin était le premier à plaisanter sur ses pieds énormes, invariablement chaussés de forts souliers à clous. Un jour, comme il ne pouvait assister aux funérailles d'un ami, il se demanda s'il n'enverrait pas ses chaussures : « On envoie bien sa voiture vide, expliquait-il ; j'enverrais ainsi la mienne. »

Leverrier.

Leverrier, si despote vis-à-vis de ses subordonnés, se faisait rabrouer par ses égaux. Entrant à la Bibliothèque de l'Institut, Villemain, étonné que l'astronome ne le salue pas, l'interroge brusquement : « Avez-vous connu Lalande ? — Non — Eh bien, votre confrère Lalande était fort poli ; je l'ai connu, moi ; il était très poli. » Et Villemain tourna le dos à Leverrier.

Réflexion de troupier.

Un mot des troupiers que frappait l'extrême bravoure de Canrobert : « Il *renifle* au passage des obus. »

Une réplique de Troplong.

Le prince Joseph Poniatowski, ministre de Toscane à Paris en 1851, très sympathique à Napoléon III, reçoit d'emblée ses lettres de grande naturalisation et sa nomination de sénateur. Là-dessus plaintes de quelques pères conscrits : « Il n'est pas Français ! » mais le président Troplong intervint très heureusement par ce mot qui ramena le calme dans la haute assemblée : « Vous oubliez, Messieurs, que lorsque le maréchal Poniatowski a sauvé l'armée française à Leipzig, on ne s'est pas préoccupé de savoir s'il était Français. »

Drouyn de Lhuys.

Le Comte Bernard d'Harcourt, ancien ambassadeur, dans son livre sur les Quatre Ministères de Drouyn de Lhuys, rappelle les services rendus par cet homme d'Etat qui, s'il eût été écouté en 1866, aurait probablement rendu impossible la guerre de 1870 :

« Quand il n'avait encore que la position de secrétaire d'ambassade, il était déjà fort compté. Une femme d'esprit disait de lui, à cette époque, qu'il res-semblait davantage à ce qu'on a lu qu'à ce qu'on a vu. Si l'on se reporte à l'attitude qu'il a eue plus tard dans les chambres et dans les cours, on trouve que cette définition ou cet horoscope ne manque pas de justesse... Il était peu versé dans la stratégie parle-mentaire, et la députation n'a été qu'un des épisodes de son existence... La diplomatie a été l'unité de sa vie ; il a passé par tous les grades avant d'arriver aux premiers rangs. Son goût, l'extrême variété de ses connaissances, l'attiraient vers les questions extérieu-res... Pendant trente ans, sa maison a été le rendez-vous de toutes les personnes qui ont touché directe-ment ou indirectement aux questions extérieures. Il était entouré, et consulté avec la même déférence, par des hommes appartenant aux nuances d'opinions les plus diverses. Le portefeuille des affaires étrangères, qui a été quatre fois entre ses mains, ne semblait ja-mais lui être retiré qu'à titre momentané. En quittant le pouvoir, M. Drouyn de Lhuys gardait toujours une incontestable autorité. Lorsque les agents du Minis-tère des affaires étrangères n'avaient plus à recevoir ses ordres, ils venaient lui demander ses avis ou ses impressions... »

Quand il quitta pour la troisième fois le Ministère, Drouyn de Lhuys se consola en remarquant joliment : « mes rapports avec la politique se *décousent* plutôt qu'ils ne se *déchirent*. » Les beaux esprits se rencon-trent, et, avant lui, madame de Tencin avait pro-noncé que, dans les liaisons d'amour, voire d'amitié, il faut quelquefois découdre, mais ne jamais rom-pre. Et, avant madame de Tencin, on trouve la même pensée dans les moralistes grecs et latins. C'est encore Drouyn de Lhuys qui, excédé des visites interminables et inutiles d'un diplomate exotique, finit par lui servir cet apologue : « Excellence, il faut que je vous conte une petite histoire bien répandue en France, mais qu'on ne connaît certainement pas dans votre pays. En rentrant chez lui, un mari trouva certain gentleman trop familièrement installé dans le boudoir de sa femme. Que dit-il à ce séducteur ? Ces seuls mots : « Vous ici, monsieur ! Vous n'y êtes pourtant pas forcé ! » Mais je doute fort que l'étranger ait compris la leçon : il y a des gens avec qui il faut mettre les points sur les i.

Rappelons cette définition humoristique du savant par Drouyn de Lhuys : C'est un homme qui sait tout ce que les autres ignorent, et qui ignore tout ce que les autres savent. »

Drouyn de Lhuys, bon lettré, avait à tel point le respect de sa copie, qu'il fallait lui remettre trois épreuves successives, lorsqu'il publiait une circulaire dans le Moniteur, alors journal officiel. Gustave Claudin, que je vis vers 1885 dans les bureaux de ce même Moniteur, lui apportait sa prose. Un soir, vers minuit, le ministre, couché, reçoit Claudin, fait un petit changement à une phrase qui débutait par *quelque*, appelle toute l'attention de l'envoyé de Dalloz sur la lettre qui ne devait plus être majuscule, et le congédie. Mais, quelques secondes après, il se lève en sursaut, et, coiffé de son bonnet de coton, tenant une bougie à la main, il hèle Claudin qui déjà descendait le grand escalier du palais, lui renouvelle expressément sa recommandation : « Surtout, monsieur, n'oubliez pas le petit q ! » Le susdit q. ne laissa pas d'égayer la rédaction du Moniteur.

Le marquis de Caux.

A la cour, le marquis de Caux mène le cotillon, et le cotillon le lui rend bien… à la cour et ailleurs. Et les calembours pleuvent sur lui : *il a ri, Caux ; Quel joli chat, Caux ; Cherche un abri, Caux*. Et celui-ci qui tient le record de la douce insanité. La Patti, assise sur l'herbe à la campagne, lit, relit une lettre du marquis, quitte enfin la place ; la lettre a glissé de sa poche, un grand coq cochinchinois s'approche, très intrigué, contemple avec attention le papier. Que fait il ? *Ce Coq lit Caux.*

En épousant Adelina Patti, le marquis de Caux résigna ses fonctions à la Cour ; l'année suivante ses amis reçurent une lettre d'invitation ainsi conçue « La marquise de Caux sera chez elle le samedi soir… La Patti chantera. » Bien entendu, le marquis avait rédigé le billet ; il savait aussi organiser des trains de reine pour les tournées triomphales en Europe. Et puis la séparation, la retraite, mais du moins une pauvreté pleine de dignité.

Le chef du cabinet de Napoléon III.

La mort de Mocquard, chef du cabinet intime de l'empereur (1865) attrista celui-ci profondément : *C'était mon ami*, dit-il avec une belle simplicité.

« Il était la plume de l'Empereur, remarque madame de la Pagerie, mais souvent aussi sa pensée, son

conseil, son confident et son ami, car il l'aimait de
cœur et d'âme... Il avait de plus, le talent de lui être
agréable, et il a dû l'amuser toujours, car il est impossible d'avoir plus d'esprit qu'en avait Mocquard.
Léger, plaisant, rempli d'idées originales, dites avec
un entrain et une vivacité sans pareils, il faisait à
l'œil l'effet d'un feu d'artifice continu. Ce caractère
est exclusif de la profondeur et de l'austérité, et, à
force de plaisanter les grandes théories morales, les
principes et la vertu elle-même, l'aimable Mocquard
a fini par se prendre lui-même à ses saillies, et par
mettre sa conduite d'accord avec ses opinions expri-
mées. Cela ne faisait pas trop les affaires de la dignité
qu'il eût été préférable de voir afficher dans la situation où il se trouvait, et surtout à l'âge où il était parvenu. Il en a pâti, en ce sens qu'on l'a accusé d'être
autre chose que l'ami de l'Empereur, d'en être le
complaisant. Ce sont là des accusations auxquelles je
ne crois pas, et, sans prendre Mocquard pour un Caton,
je crois qu'il suffit de le considérer comme un homme
léger. Sa fin, du reste, a effacé les fautes de sa vie ;
une longue maladie a séparé son existence mondaine
de sa mort, et il a eu le temps de reconnaître les in-
corections de son passé, et de revenir à Dieu. Il a su,
du moins, bien mourir. »

Le Dr Ménière, après un dîner où il eut pour voisin
de table Mocquard, écrit : « Mocquard nous a dit que,
longtemps médité, le coup d'Etat n'est arrivé le deux
décembre qu'après trois remises successives... Quand
enfin tout fut arrêté, quand les ordres furent donnés,
M. Mocquard écrivit le mot *Rubicon* sur l'enveloppe
qui contenait toute cette grande affaire, et le prince,
en lisant cette suscription hardie, l'approuva d'un mot
et d'un geste. Jamais homme, plus que l'Empereur, n'a

été maître de soi-même... « Jamais, dit son secrétaire, je ne l'ai vu laisser échapper un signe quelconque d'émotion, de surprise, de colère... » Cependant un homme a toujours, pour ses familiers les plus intimes, certaines allures qui décèlent l'état de son âme. Quand l'Empereur arrive le matin dans son cabinet, il dit : Bonjour Mocquard. » Le lendemain, il dira : « Bonjour, monsieur Mocquard. » Une autre fois il dira. « Bonjour, Monsieur le comte de la Mocquardière. » Et ces trois nuances donnent la mesure exacte de la disposition du maître... Un jour, celui-ci disait à son secrétaire. « On vous trouve pointu. » M. Mocquart lui répondit : « On se trompe, c'est carré qu'il faut dire... »

Mocquard éveille le souvenir d'un autre confident de prince, Toussaint Roze, marquis de Coye, membre de l'Académie Française, très influent à la cour où il remplit les fonctions de secrétaire principal du cabinet : *il a la plume*, écrit, signe pour le *roi, de son nom, de son écriture* et de son style qu'il imite à s'y méprendre, faisant sa correspondance intime et secrète, traitant les affaires les plus importantes. Sa mémoire merveilleuse le rend un vivant répertoire ; il a l'esprit mordant et satirique, mais son caractère prudent, avisé, l'empêche de dire ou faire ce qui pourrait lui attirer de graves ennuis. Connaissant à fond le caractère de Louis XIV, sachant le flatter et au besoin lui parler avec cette franchise habile qu'aiment les grands, discret comme un mort et plein d'expérience, Roze obtient de son maître ce qu'il veut pour lui, pour ceux qu'il protège.

Le duc de la Feuillade, croyant sans doute l'embarrasser en lui demandant la différence entre *Parabole, Faribole, Obole*, s'attira aussitôt cette réponse : Parabole, c'est ce que vous n'entendez point ; faribole, c'est ce que vous dites ; et obole, ce que vous valez. »

Opinions et épigrammes.

Grand amateur du beau sexe, Napoléon III tombe sans cesse du côté où il penche, et par sa faute, et par la faute de celles qui lui jettent le mouchoir [1]. Mérimée écrit à Panizzi (octobre 1864...) Il a seulement le défaut d'aimer le cotillon plus qu'il ne convient à un *jeune homme* de son âge. » Les uns ont vu en lui un exemplaire du libertin des *Liaisons dangereuses*, tandis que Arsène Houssaye l'appelle un Werther ; la vérité est entre les deux opinions. On a le droit de regretter que ces multiples amours et passades aient *indirectement* fait grand tort à la France, en compromettant la santé de Napoléon III. Que de fois Emile Ollivier n'a-t-il pas déploré devant moi ce *travers*, développé avec éloquence la thèse des hommes d'Etat victorieux et chastes. Et il citait des exemples. Malgré mon respect pour cette parole saisissante et dominatrice, j'avoue que je n'étais nullement convaincu, encore moins persuadé ; et, à mon tour, je lui opposais Henri IV, Louis XIV, Napoléon Ier d'après le livre si richement documenté de M. Frédéric Masson, ces conquérants mongols, hindous, chinois, turcs, dont plusieurs comptèrent des centaines, des milliers de femmes dans leurs harems. Rien de plus difficile à déterminer que la mesure en

---

1. On cita ce mot d'un Fitz-James à Napoléon III : « Je ne vous prends pas vos maîtresses ; ne me prenez pas les miennes. »

un sujet si scabreux : elle varie d'homme à homme, de peuple à peuple, elle varie aussi selon le caractère du critique, de l'historien, du philosophe qui se charge d'établir un barème moral. Tout de même Napoléon III a été au-delà de la mesure, et le Comte de Falloux dans ses *Mémoires* en donne une preuve singulière.

Voici encore quelques appréciations à son sujet :

Palmerston : son esprit est aussi plein de projets qu'une garenne est pleine de lapins, et, comme les lapins, ses projets se terrent pour ne pas être contrariés.

Bismarck estime qu'on accordait trop à son esprit, pas assez à son cœur, qu'il était meilleur et pas si habile qu'on le croyait : plus tard, il le traite cavalièrement de *grande incapacité méconnue*.

Parle-t-il beaucoup, demandait lady X. à lord Cowley, ambassadeur du Royaume-Uni ? » « Non, répondit le diplomate, mais il ment toujours. »

Un autre diplomate : « Napoléon III ment si bien, qu'on ne peut pas croire le contraire de ce qu'il dit ; » de Moltke : « C'est un Empereur, mais ce n'est pas un roi. »

Dans l'*Empire libéral*, Emile Ollivier le compare à Marc-Aurèle ; à l'autre pôle, on connaît les imprécations de Victor Hugo. Des gens qui se disent bien informés prétendent que cette terrible rancune vient de l'oubli commis par le Prince-président, qui ne fit pas une place à Hugo dans ses combinaisons ministérielles. Platon renvoyait à la porte de sa République le poète, après l'avoir couronné de roses : il faut croire que les aèdes de ce temps-là étaient moins susceptibles que ceux d'aujourd'hui. Et, si cette explication est vraie, l'oubli de Louis Napoléon lui a coûté cher.

On parlait dans le public d'une maladie du Prince Impérial : « Quelque hérédité, sans doute, fit Rochefort ; c'est tout ce que le père a de constitutionnel. »

Un mot qui courut les salons : « Le Deux décembre, c'est la Bataille de Clichy des insolvables. »

Deux vers de la chanson connue à propos de l'éternelle cigarette de l'empereur :

> Mais lui roulait sa cigarette,
> Car il ne savait rouler que ça !

Et je n'ai pas été médiocrement surpris de rencontrer cette phrase sous la plume d'un Doudan.

« La Cour de Compiègne : son air mêlé d'estaminet, de tapis franc et de luxe oriental. »

Mais l'esprit de parti explique toutes les incartades du jugement.

Il y aurait aussi le dossier des farces, inventions, railleries de mauvais goût.

La prétendue dépêche de la reine Victoria à Napoléon III : « Je t'envoie l'Ordre de la Jarretière pour relever Teba. »

Les termes génériques, sobriquets appliqués à des dames de la Cour : Canaillettes, Caillettes, Loutonnes. — Minette, Dindonnette, Cochonnette, Salopette, Gredinette, Grenouillette, Mouchette, Carpette, etc... Un satiriste affirme que caillette, diminutif de caille, signifie petite canaille, et fut employé pour la première fois par une des Charges de la Cour napoléonienne. Je réponds : le mot *caillette* ne date point du Second Empire ; c'est un vieux mot, couramment employé dès le XVIᵉ siècle, qu'on appliquait déjà aux personnes qui n'ont que du babil, et point de consistance.

Le petit cénacle *intime* de l'Impératrice était surnommé : la bande des *Cocodettes*.

Médisances, calomnies, n'ont donc pas été épargnées à cette Cour ; et il serait facile de prouver qu'elles tombaient sur d'autres cours, au temps de l'absolulutisme, alors qu'elles pouvaient coûter la vie ou la prison perpétuelle aux imprudents auteurs. Mais ceci m'entraînerait trop loin. Si Napoléon III n'a pas eu de favoris en titre, s'il a eu à peine une favorite au sens d'autrefois, la race des courtisans, avec ses audaces, procédés, flagorneries, courbettes, différents de ceux du XVIIe siècle par exemple, n'a cessé de pulluler de 1852 à 1870. Aussi bien on est toujours le courtisan de quelqu'un, on est souvent le courtisan de soi-même, de ses propres défauts, de ses passions, de ses préjugés. Puisqu'un peuple ne saurait se passer de chefs, rois, empereurs, premiers ministres, présidents de République, fatalement se multiplient autour d'eux des personnages, sortes d'immeubles par destination du palais, qui exploitent l'art de plaire en faveur de leur mérite ou de leur nullité, avec lesquels le talent est tantôt le principal, et tantôt l'accessoire. L'histoire des courtisans, des favoris, est pleine de ces coups de théâtre qui confondent l'imagination et scandalisent la raison humaine ; elle nous introduit dans le royaume de l'invraisemblable, de l'absurde, dans un pays déconcertant pour le penseur, où des événements tragiques, énormes parfois, naissent de causes minimes : un sourire, un compliment fait à propos, une figure avenante, l'éternelle illusion de la confiance. Et l'on a présents à la mémoire les favoris des Césars romains, des sultans, des empereurs mongols, chinois, hindous, le maréchal d'Ancre et Marie de Médicis, les amants d'Élisabeth d'Angleterre, de Catherine II, etc...

On ne saurait donc s'étonner des critiques que moralistes, prédicateurs, satiristes de tout poil et de tout
plumage n'ont cessé de diriger contre l'homme de
cour, l'*homme de velours* pour parler comme Agrippa
d'Aubigné, critiques souvent exagérées, où l'envie,
l'ignorance ont leur part à côté de l'indignation légitime et du mépris, — critiques à qui la manie de gé-
néraliser. de fixer des traits géométriques, enlève une
partie de leur précision et de leur autorité : car il n'y
a pas un seul type, il existe cent variétés de courtisans. D'ailleurs on n'écrira jamais rien de plus fort
que cette remarque de madame de Maintenon : « Comp-
tez que presque tous les hommes noient leurs parents
et leurs amis pour dire un mot de près au roi, et pour
lui prouver qu'ils lui sacrifient tout. »

Ne nous scandalisons pas ; rappelons nous *Les Chevaliers* d'Aristophane, les innombrables abus de favoritisme enregistrés dans l'histoire des républiques
italiennes et autres. Monarchies parlementaires, re-
présentatives, démocraties pures, ont leur budget de
courtisanerie et de sinécures, leur grand livre de la
fidélité électorale, budget bien autrement onéreux que
celui d'autrefois. Le principe n'a pas changé : vivre
aux dépens de l'impôt ; seulement ce ne sont pas les
mêmes qui le grignotent.

Mais vous, guêpes de cour, gloutonnes sans pareilles,
Vous mangez le travail et le miel des abeilles,
Et ne ruchez jamais, ni d'été ni d'hiver.

Un traitement fixe, un bout de ruban, voilà l'idéal des
trois quarts des Français. On regarde de plus en plus
comme des dogmes infaillibles ces axiomes : Le trésor
public est une mer ; qui n'y boit pas est un sot. — Le

budget est un grand gâteau, y mord qui peut. — Et
donc la Cour est morte en France, mai l'esprit de
courtisanerie est immortel, parce qu'il répond à un
besoin, pas très noble, de la nature humaine, et qu'il
faut souvent, pour obtenir justice, paraître demander
grâce. Les courtisans du *Démos* m'ont presque récon-
cilié avec ceux des Cours ; ces derniers peuvent du
moins invoquer la grâce, l'urbanité, l'esprit de socia-
bilité, et le goût qu'ils ont contribué à répandre dans
la nation.

CHAPITRE VI

La Princesse Mathilde.

L'année 1904 [1] commence tristement pour ceux qui aiment l'amitié, la conversation, la bonté et l'esprit : la princesse Mathilde est morte le 2 janvier, et avec elle disparaissent un sourire, une grâce de la société française, une des personnes qui ont le plus brillamment contribué au prestige de celle-ci, au bonheur de très nombreux amis.

Son salon a réuni toutes les conditions du salon idéal : la durée, l'éclat du rang, une forte personnalité, l'art et la science de l'hospitalité, les talents et les causeurs les plus divers, la fidélité réciproque des intimes et de la maîtresse de céans. Il fait penser aux salons de la duchesse du Maine, de la marquise de Lambert au XVIIIe siècle, à ceux de la marquise de

1. Je reproduis ici, avec un certain nombre d'additions, l'article publié à cette époque dans une revue illustrée, et transcris, un peu pêle-mêle, ce que j'ai vu, entendu directement, une partie de ce que m'ont rapporté des intimes, quelques impressions recueillies çà et là.

Rambouillet, de la grande Mademoiselle au xvII° siècle, de Marguerite de Valois au xvI° siècle, de cette
duchesse d'Uzès qui exerçait à la cour de Charles IX
et de Henri III la dictature du charme et de l'esprit :

> ... Sans vous la cour fâcheuse deviendrait,
> Son bien, son heur, sa grâce lui faudrait,
> Prenant de vous sa vie et nourriture,
> Vous lui servez d'un miracle nouveau,
> Comme ayant seule en la bouche Mercure,
> Amour aux yeux et Pallas au cerveau.

Mais surtout ce salon fait penser à la Princesse. Songez qu'elle naquit en 1820, qu'elle a traversé presque
tout entier ce xixe siècle, siècle tragique par tant de
révolutions et de guerres, le plus grand dés siècles
par la science, la poésie lyrique, l'histoire, le sentiment de la tolérance, l'amour des faibles et des humbles. Songez qu'elle est parente de la plupart des familles royales, nièce directe de Napoléon Ier, cousine
du roi de Rome, de Napoléon III, sœur du prince Napoléon, tante du prince Victor et du prince Louis ;
que, dans les premiers temps du second Empire, son
salon était en quelque sorte le cercle de la Cour,
qu'elle garda une influence réelle sur l'empereur, qui
avait voulu l'épouser, rendait justice à ses mérites, et
savait bien que la princesse apprivoisait beaucoup
d'artistes, de littérateurs qui, sans elle, seraient retom-
bés dans l'opposition violente. Chez elle, avant 1870,
on ne causait guère politique, on ne faisait ni ne dé-
faisait de ministères ; mais on y faisait des sénateurs
à trente mille francs, des professeurs au Collège de
France, des bibliothécaires, des lauréats aux Exposi-
tions, des chevaliers et des commandeurs de la Lé-

gion d'Honneur, des membres de l'Académie Française et de l'Académie des Beaux-Arts. C'était, on l'a dit, le Ministère des Grâces. Après 1870, la politique continua d'être traitée en suspecte, sauf au temps de l'Affaire, et sur ce seul point, la princesse s'étant nettement rangée dans le camp des *Anti*. A l'un de ses hôtes, qui pensait autrement, elle se contenta de répondre : « J'ai eu un oncle qui a été soldat. »

Notons en passant qu'un certain nombre de Bonapartistes crurent à un avènement mystérieux du prince Louis, au détriment de son aîné le prince Victor, et redirent à propos de ce dernier le mot de Philis : *Ni aigle, ni aiglon.* Ils considèrent le cadet comme une sorte de Messie génial destiné à ramener l'Empire par je ne sais quel miracle politique. D'autres au contraire tiennent pour le prince Victor, qu'ils proclament beaucoup plus capable, et vraiment homme d'Etat. Je ne les ai vus qu'une fois dans le salon de la princesse, et n'ai pu me former une opinion sur leurs mérites respectifs ; le prince Louis m'a paru plus brillant, plus spirituel ; son frère montre une grande réserve, il écoute plus volontiers qu'il ne parle, et après tout le silence est une force, mais une force dont il ne faut pas abuser en temps de démocratie.

« Je ne suis pas à mon aise à la Cour, disait la princesse ; là les sentiments, la langue, sont différents, je me sens une toute autre personne, et je suis pressée de revenir à moi et à mon chez moi... C'est moi qui n'étais pas heureuse quand, à Compiègne, on m'a donné le lit du pape. Un lit d'une grandeur, vous ne pouvez en avoir une idée : pour n'avoir pas froid, j'étais obligée de mettre toute ma garde-robe sur moi... Moi, je n'ai jamais fait mon chemin avec l'Empereur, parce que je vais tout droit... On ne m'a jamais prise

dans des tripotages, jamais, jamais !... On n'a jamais
pu faire de moi de ces gens qui pleurent, et se font
payer leurs dettes tous les six mois... L'Empereur !
On dirait que l'inconnu l'amuse : il est si étrange !
Rien ne l'émeut. L'autre jour, un domestique lui a
lâché un siphon d'eau de seltz dans le cou ; il s'est
contenté de passer son verre de l'autre côté, sans rien
dire... Un homme dont la plus grande parole de fu-
reur est : « C'est absurde ! » Moi, moi, si je l'avais
épousé, il me semble que je lui aurais cassé la tête
pour savoir ce qu'il y avait dedans. »

Même après 1870, sa maison garde une puissance
de rayonnement et d'attirance, soutenue par le souvenir du passé, par cette pléiade d'hommes éminents de tous les partis, dont elle a fait ses amis, et
qui créent autour d'elle une auréole d'admiration reconnaissante. D'ailleurs les nouvelles amitiés, de plus
en plus nombreuses, compensèrent largement les vides produits par la mort, les défections, les brouilles.
De nombreuses recrues royalistes, républicaines, donnaient au salon un caractère plus éclectique ; par cette
transfusion de sang nouveau, observe Fleury, il accrut
sa vitalité mondaine. On y vit le duc de Rohan, le
comte d'Haussonville, la baronne de Lareinty ; etc. on
y vit Joseph Reinach avant l'*Affaire*, Gabriel Hano-
teaux avant, pendant et après, sans parler des artistes
et des littérateurs qui, j'imagine, étaient au fond les
préférés de la princesse. Noblesse d'ancien régime et
noblesse impériale, ambassadeurs, académiciens, parlementaires de tout poil, échangeaient des propos cour-
tois, concluaient des trèves de bon goût sous les pa-
cifiques palmiers de la serre, se faisaient ces aimables
concessions de forme qui conduisent parfois à celles
du fond, et s'accordaient à peindre la maison de la

nouvelle Marguerite de Navarre comme l'asile des arts
et des lettres : si bien que les orages politiques s'en
détournèrent comme d'un lieu sacré, et, qu'au moment de l'exil des princes, la nièce de Napoléon ne
fut pas inquiétée.

Dons, avantages de race, vertus sociales et qualités
privées, se mêlèrent en elle pour rendre le personnage
plus irrésistiblement sympathique : ajoutez-y une beauté
éclatante, qui rappelle ce quatrain pour une duchesse
du temps jadis :

> La nature, prudente et sage,
> Force le temps de respecter
> Les charmes de ce beau visage
> Qu'elle ne saurait répéter.

« Oui, confessait-elle gaiement dans un dîner intime,
j'ai eu un teint particulier, extraordinaire. Je me rappelle qu'en Suisse, à quatorze ans, on me mettait sur
la joue une feuille de rose de Bengale, et qu'il était
impossible d'en voir la différence. » Et elle eut l'art
de sa beauté, le sens de l'harmonie dans la toilette ;
ses robes sont toujours des robes de coloriste, dit
Goncourt.

Nature primesautière, impulsive, passionnée, franche jusqu'à la rudesse, avec des traits de violence im-
pétueuse, elle va jusqu'au bout de sa pensée, et n'ap-
prit qu'avec peine l'art de se contenir. Elle ignore
l'histoire, sauf celle des Bonaparte et de son temps,
fait son éducation en feuilletant le grand livre de la
vie, et la complète par la conversation des hommes
éminents qu'elle reçoit. C'est, dans quelque mesure,
une autodidacte ; à ses yeux les faits n'ont pas la même
odeur, ni la même couleur, ne donnent pas la même

leçon que les livres; l'armature de l'érudition ne l'intéresse que lorsqu'elle lui est représentée en chair et en os, je veux dire verbalement, sous une forme vivante, ingénieuse. Très grande dame quand elle veut, très princesse, capable de faire sentir à tous qu'elle a du sang de César dans les veines; le plus souvent très simple comme les personnes parfaitement intelligentes, bonne enfant, rieuse, écoutant à merveille, sachant parler à chacun la langue de ses goûts, de ses intérêts, illuminant la causerie de traits vifs, d'observations qui peignent une situation, une époque, un personnage, s'amusant d'une réflexion de rapin, défendant avec chaleur ses opinions, comme on défend sa maison et sa vie, très active, optimiste et estimant qu'ici-bas beaucoup de choses sont dignes d'être savourées; ne demandant pas au voisin ce qu'elle devait penser, jamais reflet, toujours rayon; ne pouvant supporter les ennuyeux; l'ennui lui plombe le teint. Un jour qu'elle avait été obligée de répondre à deux diseuses de riens, de ces femmes qui troublent la solitude et n'apportent point la compagnie, elle s'écria, quand elles eurent tourné les talons : « Vraiment, ce serait assez de se galvauder dans le monde jusqu'à trente ans; mais à cet âge-là on devrait avoir sa retraite, et n'être plus bonne aux choses assommantes de la société... Tenez, qu'il entre une femme ici, je serais obligée immédiatement de changer la conversation... Oui, toutes les femmes intelligentes de ce temps-ci, je suis prête à les recevoir. J'aurais parfaitement reçu mademoiselle Rachel, madame George Sand. »

Pas plus que son oncle, que son cousin, elle n'aimait ou ne comprenait la musique, ce qui ne l'empêcha pas de témoigner sa sympathie grande à Massenet, Verdi, Gounod, Ambroise Thomas, en faisant, plusieurs fois l'an, interpréter leurs œuvres par Alboni, Madame Miolan-Carvalho, la générale Bataille et madame Conneau : pour ces mercredis ou ces dimanches-là, elle lançait quelques lettres de rappel, et la chambrée se trouvait plus brillante encore que de coutume.

« Oui, expliquait-elle, j'ai eu 18 maîtres de piano, et sept d'écriture. Ah ! de drôles de maîtres ! J'ai eu un certain maître d'écriture, qui avait une grosse tête toute ronde, avec de petits cheveux blancs frisés, et toujours accompagné d'un caniche. Celui-ci, sa page d'écriture donnée, passait son temps à me retirer des doigts ma plume, à la jeter au milieu de la chambre, et à la remplacer par une toute neuve. Quand il est parti, il y a eu des plumes taillées à la maison pour jusqu'à mon mariage. On m'avait découvert un maître d'allemand, possédant une joue mangée par une immense dartre, et, toute la leçon, il en faisait tomber des écailles.

« Le maître d'anglais, lui, était un petit prêtre irlandais, un abbé poupin, auquel nous nous amusions à faire sauter des chaises, sa soutane retroussée et tenue d'une main devant lui. »

Pendant longtemps elle n'aima guère les prêtres, les cléricaux, les moines, et elle en parlait, comme son frère, avec quelque brutalité ; ayant souffert en Italie de l'union très étroite des Autrichiens et des robes noires, elle en avait gardé un peu d'amertume. Et cependant elle était déiste, spiritualiste, croyait « au gouvernement supérieur des choses, » et elle vient de mourir chrétiennement. De même le prince Napoléon dit au roi d'Italie, qui amenait la conversation sur les rites de la fin : « Comment pouvez-vous croire qu'un Napoléon ne mourrait pas en concordataire ? » La princesse Mathilde interprétait moins strictement le Concordat, était plus sincèrement religieuse que son frère.

Aussi bien, dans les huit ou dix dernières années, son esprit s'était élargi dans le sens de la tolérance, de même qu'elle avait à peu près renoncé aux mots crus ou gras : elle ne condamnait plus en bloc les *cléricaux*, distinguait, et il m'arriva de lui faire l'éloge du comte de Falloux, de Lacordaire et Montalembert, sans l'étonner le moindrement. Elle écouta même avec intérêt quelques mots du comte de Falloux ; il est vrai que celui-ci avait été ministre de son cousin en 1849. Je ne sais pourquoi cette remarque de Falloux : Il y a plus de repentir que d'aveux, — la frappa : peut-être parce qu'elle appliquait la pensée à des hommes politiques ou à des amoureux.

Nature foncièrement française, elle vibra toujours aux plus hautes émotions nationales. Qu'une chose fût française, elle y courait comme au canon. Elle eut une âme de drapeau.

Cette adoration pour la France allait jusqu'à la terreur de l'exil, terreur qui la reprenait de temps en temps. Ayant vécu sur la terre étrangère au temps de sa jeunesse, cette pensée l'obséda toujours, car elle savait qu'en France un acte de naissance est quelquefois un crime.

L'exil, ainsi que le régicide, c'est l'envers de la médaille pour les familles princières, cela fait partie de leur casuel ; et puis la politique a souvent des raisons que ne connaissent ni la raison ni la justice. Le frère de la princesse a été exilé par la troisième république,

« Je ne demande, soupirait-elle, que la conservation de ma personne et de Saint-Gratien, *ma liberté individuelle*, comme je l'ai écrit jadis à M. Thiers ; sur le reste je suis blasée, je n'aime au fond que les choses vraies. » Elle souffrit beaucoup pendant la guerre

de 1870 et pendant la Commune, car elle aimait Paris
comme madame de Staël : son *ruisseau de la rue du
Bac* était situé rue de Courcelles; depuis elle planta
ses pénates, 20, rue de Berry, et partagea son existence entre Paris, et Saint-Gratien qu'elle acheta au
marquis de Custine. L'ancienne propriété de Catinat,
très embellie par la princesse, n'avait d'abord qu'une
étendue de 18 arpents : elle finit par en avoir 82, touche le lac d'Enghien; trente minutes de chemin de fer
la séparent de la capitale. « J'ai besoin de Paris,
disait-elle, de son pavé; les quais, le soir, avec toutes
ces lumières, me ravissent. Songez donc qu'élevée en
Italie, mariée à vingt ans au prince Demidoff, qui
m'emmena aussitôt dans ses terres de Russie, je ne
suis entrée en France qu'à l'âge de vingt-trois ans :
ma joie était si vive, que le premier pantalon garance
que j'ai aperçu, ça été plus fort que moi, je suis des-
cendue de voiture pour l'embrasser; oui, j'ai embrassé
le petit pioupiou. » Il ne s'était jamais trouvé à pareille fête, le petit pioupiou.

Henri Lavedan l'appelle une enthousiaste équili-
brée. Hum ! Hum ! Pas toujours. Peut-être, à la fin
d'une expérience, après bien des oscillations du pen-
dule, retrouvait-elle son centre de gravité et d'harmonie. En tout cas, « elle était partiale, partiale avec
fougue et délices, et nulle mieux qu'elle ne s'en rendait compte. Elle essayait, autant qu'il lui était possible, de brider et de réfréner cet irrésistible et adorable penchant à soutenir, quand même et jusqu'au
bout, ceux qu'elle aimait, et dont elle se savait aimée.
Elle y réussissait certains jours ! Et quand, une fois
sur dix, on pouvait lui prouver que ceux pour lesquels
elle rompait des lances avaient tort : « Je le sais bien,
finissait-elle par déclarer en riant. Et c'est pourquoi

je les défends ! S'ils avaient raison, ils n'auraient besoin de moi ni de personne. »

Elle professa un culte passionné pour son oncle. A Paris, le premier étage de l'hôtel, où les intimes seuls pénétraient, est un petit musée de souvenirs de Napoléon. Comme surtout de table, un grand aigle impérial entouré d'une foule d'aiglons, et l'on plaçait un de ces aiglons devant chaque convive. Mais son bon sens l'avertissait des chimères de l'avenir ; elle accepta avec loyauté le gouvernement qui lui semblait assurer le bonheur de la France : même elle se disait républicaine. — En même temps elle montrait dans sa chambre la canne sur laquelle s'appuyait Napoléon à Sainte-Hélène, les soirs où il marchait au bord de la mer. Etait-il question devant elle du tombeau des Invalides, d'une voix grave, recueillie, elle prononçait lentement : « J'en ai une clef. »

Après la chute de l'Empire, pour la princesse aussi, il y avait toujours la France. Elle n'admettait pas les personnalités contre le chef de l'Etat, qu'il s'appelât Thiers, Grévy ou Carnot, et elle coupait la parole aux médisants avec ses quatre mots : « Il représente la France. »

Elle parlait volontiers, parlait bien, ne faisant nullement mystère de ses goûts, de ses antipathies, et, dans des phrases courtes, nerveuses, des phrases à la Napoléon, elle se livrait tout entière : je ne sais pas de meilleur portraitiste d'elle qu'elle-même. Un jour, par exemple, la causerie vient sur les enfants, et chacun de dire de belles choses : « Laissez donc ! s'exclame la princesse ; il faut toujours descendre à eux, bêtifier, parler nègre. Ils vous rabougrissent l'intelligence. Puis moi, sur l'éducation, j'ai des idées philosophiques... Ça tient peut-être à la manière dont

j'ai été élevée... Oui, ma mère ne m'a pas gâtée !...
Elle s'indignait, cette bonne vieille baronne de Reding,
de ce mot de ma mère : « Tous mes enfants, je les don-
nerais pour un doigt de Fifi... » Fifi, c'était mon père... »

Rien de plus piquant que son franc-parler en faisant
allusion à sa famille. Ainsi elle se plaignait un jour,
devant mademoiselle Abbatucci, que sa mère, Catherine de Wurtemberg, eût complètement négligé
l'éducation de ses enfants ; et comme l'interlocutrice
observait que ceux-ci avaient dû tout au moins s'attacher à leurs institutrices, elle répliqua gaillardement :
« Bah ! Toutes nos gouvernantes étaient les maîtresses
de mon père, et on les renvoyait quand elles étaient
enceintes. »

Il est évident que pour cette Napoléonide, comme
pour Duclos, la pudeur était cette belle vertu qu'on
attache le matin sur soi avec des épingles.

Son esprit ressemblait à son caractère, comme son
caractère ressemblait à son esprit, mettant en relief
sa nature morale, ses travers, ses idées, sa race :
humoristique, imprévu, toujours alerte et pimpant,
parfois gaulois, avec ces coups de boutoir qui échar-
pent un homme ou un événement, et cette allure hau-
taine qui avait l'air de vous dire : « Je suis une Napoléon, et vais droit mon chemin, le chemin de mon
caprice, de ma passion ou de ma raison, sans me soucier des rites et des conventions. »

Un peu à la billebaude, voici des mots de situation,
de tempérament et de caractère : l'embryon d'une
Mathildiana, qui, si tous les hôtes de Saint-Gratien
avaient fourni leur appoint, formerait un volume bien
amusant.

J'en passe, bien entendu, et de beaucoup plus salés :
je gaze aussi un peu.

Comme les derniers invités prenaient congé d'elle,
à la fin d'une de ses grandes soirées, la princesse dit
au général Bougenel, son chevalier d'honneur : « Et
maintenant, mon cher général, allons nous coucher.
— Princesse, lui dit tout bas l'amiral Charles Duperré.
alors officier d'ordonnance de l'Empereur, je voudrais
bien être à la place du général. — Pourquoi ? — A
cause de ce que vous venez de dire. — Mon cher,
vous seriez volé, lui répondit la princesse Mathilde :
chez moi, il n'y a pas de service de nuit. »

Une réflexion sentimentalement désabusée de la
princesse Mathilde, à Saint-Gratien. Un soir, restée
seule au salon avec un vieil ami, elle montre le premier étage : « Et dire qu'il n'y en a peut-être pas un
qui soit dans le lit où il devrait être ! »

Vimercati est un indiscret : il a fait un enfant à la
duchesse de ...

A propos d'un gentleman peu sympathique : il n'a
pas besoin d'être hypocrite, puisqu'il est bête.

A une amie qu'elle soupçonnait d'inspirer une passion à un de ses fidèles : « Avouez donc que vous avez
agréé... ses hommages, tout simplement pour vous en
débarrasser. » Sans y penser, elle rééditait le conseil
d'une femme d'expérience au xviii° siècle : « Epousez
votre amant : c'est le seul moyen de reconquérir votre
liberté. »

Nieuwerkerke fait allusion à la princesse Borghèse,
posant, *pudiquement* nue devant Canova, le contant à
un ami étonné, et observant : « Oh ! mais il y avait
du feu. » La princesse Mathilde hausse les épaules, et
gronde hautainement : « Monsieur de Nieuwerkerke,
vous êtes un imbécile ! »

Elle se brouille avec Nieuwerkerke sur un soupçon
d'infidélité, et le fait descendre de sa voiture à Epi-

nay, devant la villa de madame Buloz; c'est Nieuwerkerke qui le dit à celle-ci; mais il y eut sans doute des
précédents, et, cette fois encore, un raccommodement.

Après la rupture définitive, elle éreinte les amis
de Nieuwerkerke; on n'y comprenait rien, elle sui-
vait sa colère et sa vengeance. Mais elle n'oublie pas
l'ingrat, et A. Dumas m'expliqua subtilement le dua-
lisme sentimental : « C'est que voyez-vous, elle a mis
l'image de Popelin par devant; mais celle de Nieuwerkerke déborde tout autour. »

Toute jeune encore, la princesse rencontre madame
Swetchine, qui l'interroge sur ses croyances, et en
particulier sur l'état de son âme. « Oh! Madame,
répond-elle cavalièrement, à mon âge on n'a point
d'âme ! »

La princesse Clotilde, la sainte femme du prince
Napoléon, se plaignait qu'un héritier attendu se mon-
trât beaucoup trop remuant. « Oui, jette gaiement notre Princesse, c'est un diable dans un bénitier. »

Un soir, pendant un dîner chez elle, le prince Louis,
son neveu, causant stratégie et tactique avec un général, n'accordait aucune attention à sa voisine. Sa
tante essaie à plusieurs reprises de le rappeler aux
devoirs mondains, et, n'ayant point réussi, elle s'écrie
drôlement : « Dieu ! qu'ils sont embêtants avec leurs
conversations militaires! Parce qu'il y a eu un *soldat*
dans notre famille, tous les Bonaparte se croient de
grands généraux ! »

Et ce mot qui fait tableau : « Je n'aime que les romans dont je voudrais être l'héroïne. » A ce propos,
je me rappelle encore une bien jolie réponse à madame
Camille Doucet, qui voulait savoir si les Altesses aiment comme les simples mortelles : « Je ne sais pas,
moi, je ne suis pas une princesse de droit divin. »

Il fallait l'entendre raconter la visite du Shah de Perse, le prédécesseur de celui-ci. Lorsqu'il vint à Saint-Gratien, il envoya d'avance un messager chargé de demander qu'on lui préparât : un verre d'eau glacée, des gâteaux et un de ces 274 meubles indispensables qui figuraient au palais de Versailles sous Louis XIV. Vous pouvez croire, lecteur, que la princesse ne lui ménageait point les épithètes et qualificatifs les moins protocolaires.

Le roi de Suède alla aussi chez elle, pendant l'Exposition, et on lui demanda son impression : « C'est un Bernadotte » fit-elle avec un sourire énigmatique, un de ces sourires qui renferment la thèse, l'antithèse et la synthèse. Le jour où elle perdit Benedetti, son conseiller et son ami de quarante ans, la princesse, les yeux pleins de larmes, après avoir rappelé cette grande et mutuelle fidélité, soupira : « C'est fini ! Plus personne ne me dira : Vous avez tort ! »

Elle ne peut sentir les vieilles femmes trop fardées, trop décolletées, et, haussant les épaules, éclatait à propos de Madame X... « Je ne sais pas pourquoi elle nous fait voir ses vieilles cochonneries. »

Elle aime Versailles presque autant que Paris, et voulait s'y faire construire une maison dans le style Louis XIV. « Enfin, là, à Versailles, déclarait-elle, je parle bas comme dans une église, car on a beau dire, à Versailles est toute l'histoire de France. »

A la Guéronnière, nommé sénateur, qui faisait quelques façons pour voter un amendement : « Allons, allons, vous voterez la loi pour ceci et pour cela ; en un mot, vous avez 30.000 raisons pour la voter ! » Ce qui voulait dire que le nouveau sénateur touchait un traitement de 30.000 francs.

Elle dit encore à la Guéronnière : « Pour ne faire

de chagrin à personne, vous êtes de toutes les opinions, hormis la vôtre. »

Un soir, raconte Arsène Houssaye, on disait du mal de Dumas père. Pour se faire la dent avant le dîner, Sainte-Beuve et Mérimée s'escrimaient le mieux du monde à enlever le morceau ; si bien que le musicien Halévy dit à la princesse : « Vous êtes donc brouillée avec lui ? — Je crois bien, brouillée à mort... Il dîne ici ce soir. »

Dumas père, qui ne tenait guère à l'étiquette, lui demanda sans façon : « Princesse, nommez-moi Dumas tout court, car il y a vingt cinq ans que je travaille pour cela. » Elle lui en voulut un peu toutefois d'avoir risqué ce quatrain incongru devant elle; car elle gardait une solide affection à Napoléon III, affection qui, par exemple, ne s'étendit point jusqu'à l'Impératrice :

> Dans leurs fastes impériales
> L'oncle et le neveu sont égaux :
> L'oncle prenait des capitales,
> Le neveu prend nos capitaux.

C'est peut-être pour des propos de ce genre qu'elle s'avisa d'appeler ses familiers *trop familiers* : mes chers va-de-la-gueule, et lança cette boutade sur Dumas père :

Il est si vaniteux, qu'il serait homme à monter derrière son carrosse, pour faire croire qu'il a un nègre.

Elle avait déclaré à Edmond de Goncourt qu'elle lui laisserait par testament des dessins originaux de Gavarni; un jour elle se ravise, et lui mettant le précieux album dans les mains: « Tenez, je me porte très bien, je vous ferais attendre trop longtemps. Je ne sait quelle idée m'avait hantée de les vendre cet hiver ; comme ça je ne pourrai plus. » En effet, il aurait attendu trop longtemps : il est mort avant elle.

Elle savait défendre ses amis absents, et parler d'eux comme s'ils étaient présents. Rien de plus rare ; je me rappelle souvent le mot d'une femme de grand talent : « Mon mari et mon fils m'aiment infiniment ; eh bien je ne voudrais pas, cachée derrière un rideau, les entendre parler de moi pendant une heure. »

C'est aux gens de lettres, surtout aux artistes, qu'elle réservait ses indulgences plénières : elle pardonna, pas à tous, de singuliers écarts de langage, des licences de tenue non moins étonnantes, d'exécrables farces de rapin. Certain dimanche gras, sous l'Empire, l'un d'eux se fit exactement le tête de Demidoff, et apparut, nouveau spectre de Banco, en un festin qui s'apprêtait à être joyeux, et que présidait le comte de Nieuwerkerke... Tout le monde pâlit... et aussitôt prit la fuite, à l'exception de la princesse, restée en tête-à-tête avec son prétendu mari. Un violent : « Sont-ils bêtes ! » du peintre ramena les fugitifs... et même la gaieté. Quelque détestable que fût cette farce, elle semble moins vilaine encore que celle de l'Almanach de Gotha annonçant le mariage de *Popelin avec la veuve du prince de San-Donato.*

Elle supportait une parole maladroite échappée à un ami dans la chaleur de la discussion. Le professeur Franck, israélite, venait d'être nommé membre de l'Académie des sciences morales et politiques ; on l'attaquait, la princesse le défendit avec une telle vivacité, que Jules de Goncourt, jaloux de lui, et ne pouvant se contenir, lança ce sarcasme : « Eh bien, princesse, faites-vous juive, et épousez-le. » A peine avait-il lâché cette impertinence, il se repentit amèrement ; après le dîner, il sollicita son pardon, qui lui fut octroyé le plus gracieusement du monde, « et la scène finit dans la douceur d'un silence ému. » Peut-être eut-elle plus de peine à digérer une autre réponse du même Goncourt. Elle se mêlait de peindre, exposa plusieurs fois au Salon avant 1870, avait un atelier, travaillait sous la direction d'Hébert, Claudius Popelin, Lucien Doucet, et d'Eugène Giraud, celui qu'elle appelait *ma vieille Giraille*. (Ne pas le confondre avec un autre intime, Charles Giraud, ancien ministre de l'Instruction Publique.)

A dire le vrai, elle n'eut jamais qu'un talent d'amateur, manqua totalement d'imagination, d'invention artistique. Giraud faisait les modèles, le décalque; encore ne se montrait-elle pas trop docile, et Giraud d'observer malicieusement : « Quand je lui veux faire agrandir une bouche, je lui dis de la rapetisser. » Comment trouvez-vous que je fais les vers, demandait une Altesse à Boileau ? — Comme un prince, Monseigneur, répondit l'aristarque. » Ne nous plaignons pas de cette passionnette de la princesse ; elle a beaucoup profité à l'art et aux artistes. Non contente de les recevoir à ses mercredis, à ses dimanches de Paris, de leur donner l'hospitalité à Saint-Gratien, de les recommander aux ministres, elle faisait pour eux l'opinion publique, s'efforçait d'inculquer ses goûts à l'Empereur, à l'Impératrice, à la société élégante « si bien, put-elle dire avec une légitime fierté, qu'aujourd'hui tout le monde a son artiste; mon avoué a son peintre; c'est Corot, positivement. » Et on l'avait surnommée : *Notre Dame des Arts, La bonne Princesse*. Ne voilà t-il pas de bons passeports pour la postérité ?

Or donc, une des filles de la reine Victoria l'avait priée de lui peindre un éventail; elle n'était pas en train, la chose pressait, elle acheta un éventail tout fait. Avant d'envoyer son cadeau, la princesse le montre à Goncourt pour avoir son avis ; celui-ci, après l'avoir examiné avec soin, prononce fort innocemment : « Princesse, je vous adresse tous mes compliments ; voilà assurément ce que vous avez fait de mieux. » Après qu'il eut pris congé, elle ne put se tenir d'exhaler sa mauvaise humeur : « Et cet imbécile qui se donne comme critique d'art ! » L'amour propre est tout ensemble un grand médecin, un grand empoisonneur, un grand consolateur.

Il lui arrive parfois d'évoquer les souvenirs de son triste mariage, du tsar Nicolas. On l'avait mariée au prince Demidoff, le noble le plus riche du monde, quoique le plus nouveau, car il avait pour aïeul un serf moscovite : brutal, jaloux, il lui rendit la vie si intolérable, qu'elle dut se séparer. Lorsqu'elle vint en Russie après le mariage, le tsar l'accueillit par ces mots : « Jamais je ne vous le pardonnerai. » Il voulait la marier à son propre fils. Très affectueux pour elle, jamais, dans sa rancune, il ne prononça le nom de Demidoff. Ainsi donc deux couronnes d'impératrice ont effleuré son front ; elle n'en a nul regret, et ce désintéressement, n'est-il pas vrai, dénote quelque grandeur d'âme. Elle a compris que le bonheur consiste à désirer ce que l'on possède, à créer la plus grande somme de sentiments délicats, de plaisirs raffinés, de beauté morale.

Et puis aussi, le bonheur, c'est de le donner, de sortir de soi ; et parce que la Princesse a pratiqué en perfection cet art, elle a réuni, attiré, gardé beaucoup de fidèles amis, elle n'en a guère perdu. Elle allait voir ses amis malades, malheureux, ou même bien portants et heureux ; un jour qu'elle rendait visite à

Dumas fils, dont la santé inspirait quelques inquiétudes : « Ah ! s'écrie celui-ci, vous êtes, Princesse, d'une famille qui ne craint pas d'entrer dans la chambre d'un pestiféré ! » Chaque année, pour Noël, elle organisait une loterie d'étrennes ; l'une d'elles comprenait trente-deux lots, bracelets, robes de velours, nécessaires de voyage, tapis, lampes, etc. Parmi les intimes d'alors admis à un réveillon, je note : les deux princesses Primoli, Gabrielli et leurs maris, les du Sommerard, les Reiset, la générale Espinasse, Jules et Edmond de Goncourt, les peintres Marchal, Baudry, Hébert, Popelin, Boulanger, Protais, Saintin, Giraud. Ceux qu'elle faisait décorer, dînaient à sa droite, et trouvaient sous leur serviette une petite croix en diamants.

Elle donne beaucoup en amitié, mais elle exige la réciprocité : l'amitié est à ses yeux une sorte de contrat synallagmatique qui oblige les deux parties, et non une seule. Et elle ne se gênait pas pour cracher ses amertumes à propos de certains artistes et écrivains. Sainte-Beuve, qu'elle avait comblé, fait nommer sénateur, ayant accepté de collaborer au *Temps*, elle ne se contenait plus : « Nos ennemis personnels ! Un journal où tous les jours on nous insulte ! Enfin, je ne parle pas de la princesse, mais la femme, la femme ! » Et elle secouait son interlocuteur par ses revers d'habit, comme pour lui enfoncer son indignation dans la poitrine. Quand Sainte-Beuve se présenta, le Ier janvier suivant, rue de Courcelles, il trouva porte close.

Et l'aventure de Taine ! L'illustre historien, qui fréquentait chez elle, annonça un jour qu'il allait consacrer trois articles à Napoléon Ier dans la Revue des Deux Mondes, qu'il serait forcé d'émettre quelques critiques, par respect pour la vérité historique. —

« Vous êtes le premier écrivain de notre temps, vous êtes mon ami, je suis sûre que vous trouverez moyen de tout concilier. » Le premier article paraît, fait un tapage énorme, la princesse le lit, fronce les sourcils, ne dit rien encore. Voici venir le second, contenant des pages assez raides, la presse les reproduit, la princesse commence de manifester sa mauvaise humeur. Après le troisième, elle éclate, exaspérée. « Eh bien, je ferai ceci : j'ai une visite à rendre à madame Taine, je lui mettrai ma carte avec P. P. C.; ce sera prendre à jamais congé de M. Taine... Je ne peux pourtant pas admettre qu'on attaque violemment le chef de ma famille, l'homme sans lequel je ne serais peut-être qu'une petite marchande d'oranges sur le port d'Ajaccio. » Elle le fit comme elle le disait, et Taine, tout abasourdi de cette rupture, alla raconter sa disgrâce à Renan qui l'écouta silencieusement, et remarqua ensuite : « Mon cher ami, je me suis brouillé avec une bien plus grande dame que la princesse Mathilde. — Qui donc ? — L'Église. »

Si elle brise ainsi des amitiés de vingt ans, on peut penser qu'elle ne se fait point faute de remettre à leur place de simples indifférents, eussent-ils beaucoup d'esprit et de talent. Edmond About avait été invité chez elle, et, avant le dîner, assis à côté de la princesse, il tirait un feu d'artifice de bons mots; voyant approcher le comte de Nieuwerkerke, il l'interpelle familièrement : « Laissez-nous donc tranquilles, et allez-vous en, *gros jaloux !* » La princesse se lève brusquement, appuie le doigt sur un bouton, et dit au domestique qui entre : « Reconduisez Mʳ About jusqu'à sa voiture, il ne dîne pas ici ce soir. » Il fit implorer son pardon, l'obtint, récidiva, et ne revint plus : d'autres ambitions le hantaient.

Mademoiselle Marie Abbatucci, qui passa dix-neuf ans auprès de la princesse, a autant d'esprit que de cœur, — et ce n'est pas peu dire : c'est elle qu'Ernest Renan appelait : la Grande résignée. Elle m'a confié un petit agenda qui présente son intérêt ; c'est tout simplement le relevé, jour par jour, pendant l'année 1887, des personnes qui dînèrent rue de Berri et à Saint-Gratien. On y dîne deux fois par semaine, on y cause, et la conversation, l'amitié, ne sont-elles pas les deux grandes voluptés de l'âge mûr ? Les mercredis, les dimanches de la maison sont connus de tout Paris, et l'on remplirait une bibliothèque avec tout ce qui s'y est dépensé d'esprit.

Parmi les convives et amis de l'année 1887, je citerai : MM. Blanchard, Riffaut, amiral Jurien de la Gravière, comte Benedetti, Vandal, Bapst, Lavoix père, les Ganderax, Faye, les Houssaye, Baron Larrey, Conneau, Heilbuth, Goncourt, Charles Yriarte, Grandjean, Bemberg, Soria, Gautier, Mouton, Luchairé, Cain, Maréchal Canrobert, Chevreau, Dubufe, Bonnat, de Bonnières, comtesse de Beaulaincourt, baron de Saint-Amand, Augier, Jalabert, Boulanger, Gérôme, Dieulafoy, Geoffroy Saint-Hilaire, Strauss, Halévy, Maupassant, Robin, Brunet, Zeller, Daubrée, duc de Morny, la Valette, les Frédéric Masson, Renan, Comte Fleury, Camille Doucet, Jollivet, Anatole France, de Royer, Ressmann, Duruy, Comte de Turenne, Baron de Beyens, Paul Hervieu, Stern, Lavisse, de Nittis, Ephrussi, Mézières, Lambert (les Chats), Claudius Popelin, de Heredia, Adelon, de Porto-Riche, Schlumberger, Alexandre Dumas, Sardou, Toudouze, Marquis Roccagiovini, Paul Bourget, Ferrari, Auburtin, Comtesse Walewska, Primoli, Prince Victor, Prince Louis, Harisse, Dubois de l'Etang, Coppée, Detaille,

Hébert, Guillaume. Aux très rares survivants de cette inclyte phalange, il faudrait ajouter d'autres intimes qui ne figurent point sur le carnet de Mademoiselle Abbatucci, notamment : les Emile Ollivier, Comtesse de Vogüé, prince Roland Bonaparte, princesse Jeanne Bonaparte, Mademoiselle Valentine Franck.

Résumé de plusieurs conversations avec Mlle Abbatucci.

La fortune de la Princesse se compose de : deux cent mille livres de rentes viagères que l'empereur de Russie a exigées du prince Demidoff lors de la séparation : plus 150 à 160.000 livres de rentes personnelles, Saint Gratien, les tableaux, les objets d'art, un million de perles et de diamants. Le fameux collier de perles, donné par Napoléon Ier à sa mère la reine Catherine, est estimé 500.000 francs.

Fort diminuée dans ses ressources après 1870, la princesse n'opéra pas la moindre réduction sur le budget de ses charités ; ainsi elle continue de pourvoir au coûteux entretien de l'hospice d'enfants infirmes qu'elle a fondé. Son train de maison, moins magnifique, est demeuré élégant, réglé avec beaucoup d'ordre et de goût. La table est bonne, sans plus ; les gourmets certes auraient des sujets de critique : par exemple les vins, disent les grands amateurs, ne dépassent pas une moyenne honorable ; on voit trop souvent paraître sur la table le rôti de pron. D'aucuns se plaignirent qu'on dînât trop vite, un peu à la Napoléon Ier ; la causerie s'en ressentait, car

Les morceaux caquetés se digèrent le mieux.

Mettez-vous dans les bonnes grâces d'Eugène, (le
premier valet de chambre), me recommanda mademoiselle Abbatucci; il a son influence : c'est, dans
son genre, l'Eminence grise. Par calcul, sauf le principal convive, la princesse laisse en général les autres
se placer comme ils veulent : de la sorte, pense-t-elle,
chacun est content.

La princesse écrit beaucoup de petits billets très
illisibles, très courts et *très bousillés*, d'une orthographe fantaisiste. Dans l'intimité, mademoiselle Abbatucci se permettait de lui dire en riant : « Votre Altesse Impériale daigne encore seringuer une lettre ? »
« Ce n'était pas talon rouge, mais ce mot peignait
bien sa manière de faire. » Jamais elle ne dictait ;
même pour ses invitations, elle les libellait elle-même,
prétendant avec raison que c'était aussi vite fait que
dit.

Au moment de la brouille, Robert de Bonnières
montre du courage, dit à la princesse : « Votre Altesse aura toujours des courtisans, et mademoiselle
Abbatucci devra compter ses amis. » Mais pour un
fidèle, que de pleutres ! Mademoiselle P. profite de
l'occasion pour soutirer deux mille francs à la princesse ; celle-ci, dégoûtée, lui répond : « Ma chère P.
vous trouverez les deux mille francs demain sous un
pli chez mon concierge ! » Ce n'est pas trop cher,
opine Popelin, qui dit alors à mademoiselle Abbatucci :
« Ma grande, ce qui vous a toujours manqué dans la
vie, c'est que vous n'avez jamais su être une rosse. »

Et les manques de tact du prince Napoléon, l'enfant terrible du régime ! Quelle belle collection ils
fourniraient ! Car il a, sous ce rapport, péché envers
tous, envers la France, envers sa sœur, son cousin et
l'impératrice, envers le sénat, les amis et les indiffé-

rents. D'ailleurs le personnage, à défaut de mesure, de courtoisie, de goût, possédait des dons remarquables ; ses familiers, Ernest Pascal entre autres, me l'ont dit, et même prouvé.

Un soir, il adresse ce compliment à une dame qui vient de s'évanouir chez sa sœur : « Vous vous trouvez mal ; moi qui vous trouve si en ! » Et pour une autre : « Elle se trouve mal ! Elle se rend justice. »

Il avait ses moments agréables : dans une heure de détente, il égrèna des souvenirs sur les uns et les autres : cette question par exemple que lui adresse un jeune homme de dix ans, peu au courant de l'étiquette :

« Alors tu veux faire de ton fils un pousse-caillou ? »

Deux mots de mademoiselle Abbatucci, qui a la franchise de son esprit et de ses sentiments. Ayant donné à une amie les perles qui lui venaient de la princesse, elle ne put s'empêcher de lui cracher son dédain : « Tu me dégoûtes avec *mes* perles ! »

Le second au prince Napoléon déjà nommé : « Monseigneur, vous vous asseyez sur une chaise cassée. — Qu'est-ce que ça vous fait ? — Oh ! à moi, rien du tout. » Elle le rabrouait au besoin, et il lui rendait justice à sa façon.

Un dernier trait ; celui-là me fut conté par madame Aubernon. Mademoiselle Abbatucci, alors dans la fleur de sa jeunesse, faisait l'effet d'une apparition féerique, certain soir, dans le salon de la princesse, groupant les désirs en bouquet ; bref il n'y en avait que pour elle. Lesseps se penche vers Alexandre Dumas, et, d'un petit ton de fatuité égrillarde, murmure : « Ah ! si c'était un isthme ! » Et Dumas de répliquer : « Soyez donc continent ! »

Étant princesse, très belle, très-intelligente, très

séduisante, elle eut, comme on disait jadis, un grand nombre de mourants, et aima deux fois : car elle avait de l'amitié, plus que de l'amitié pour l'amour, dont les mystérieux problèmes ne cessèrent de la hanter, même quand elle eut donné sa démission active pour se ranger, tardivement, dans le camp des spectateurs. Madame de Nittis m'a conté que, Dumas fils ayant conseillé à la princesse d'oublier *la bagatelle*, et de se contenter du rôle de grande dame et directrice de salon, elle n'avait pu se tenir de rapporter cette étrange ouverture, en la soulignant d'un commentaire hautainement dédaigneux : « Hein, ma chère, est-il bête, ce prétendu psychologue ! Croire qu'une Napoléon peut se passer d'un mari de droite ou de gauche ! » Madame de Nittis employait par respect cette périphrase, mais je crois bien que la princesse se servit d'un terme plus expressif. « J'aime avec tout moi-même, affirmait-elle sans ambages. » Au temps de la brouille avec Popelin, elle manda à plusieurs reprises son vieil ami Daubrée, membre de l'Institut [1], et elle s'épanchait longuement devant lui. Il me résuma son impression, un soir, chez Madame Buloz : « Je n'ai jamais rien vu ni entendu de plus pathétique. Elle était superbe de sincérité, de naturel, d'humanité poignante, dans la même heure reine de tragédie classique et héroïne de mélodrame, tantôt Dorval et tantôt Rachel. Les mots de situation, les traits d'une éloquence tumultueuse, véhémente, toujours primesautière, s'envolaient de ses lèvres, scandant puissam-

---

1. J'ai beaucoup vu Daubrée chez madame Buloz : le miel de sa causerie coulait, comme celui des abeilles, auxquelles ce savant consacra une charmante étude dans la *Revue des Deux-Mondes*.

ment les colères, les désespoirs, des attitudes dignes
de servir de modèles aux plus grands artistes. Soudain
elle se redressait, comme ayant usé ses larmes, son
capital d'indignation, et, se reprenant : « En voilà
assez pour aujourd'hui, nous allons faire un tour au
Bois, et nous parlerons d'autre chose. » Presque ins-
tantanément son visage, plus obéissant que son cœur,
avait reconquis sa fière sérénité, la trace des larmes
était effacée. »

Les deux hommes qu'elle aima, près de vingt ans
chacun, avec une ardente fidélité, avaient, certes, des
âmes bien inférieures à la sienne, comme il arrive
souvent en pareil cas. Aussi bien, son double roman
n'est pas pour diminuer la princesse, mais bien plutôt
pour la grandir auprès de ceux qui comprennent le
drame éclatant, multiforme de la vie,

Cette ample tragédie aux cent actes divers.

Oui, nous devons l'aimer davantage d'avoir connu,
largement éprouvé le sentiment par lequel les initiés
atteignent, presque fatalement, et tour à tour, ces deux
pôles : la souffrance, le bonheur.

J'ai été présenté par les Houssaye, en 1886, à la princesse, et celle-ci, sous l'inspiration de mademoiselle
Abbatucci, daigna m'inviter, une fois à Paris, une
fois à Saint-Gratien ; une troisième fois je fus convié
pour un déjeuner, mais j'étais alors en Franche-
Comté, et je ne poussais pas le fétichisme protocolaire
au point de faire deux cents lieues en pareil cas.
Nous n'étions plus au temps des gouvernements
d'adoration et de mystère, au temps où le duc d'Antin
fit abattre en une nuit une superbe allée de marron-
niers séculaires qui décorait le parc de Petit-Bourg, et

masquait un peu la vue de la chambre royale ; où le duc de la Feuillade arrivait d'Allemagne à franc étrier afin de passer deux heures à Versailles, contempler un instant Sa Majesté, et repartait sans avoir vu personne autre. Après la disgrâce de mademoiselle Abbatucci, je fus oublié, et ne m'en étonnai pas, me trouvant un bien petit compagnon au milieu d'une pareille collection de célébrités. J'étais alors très mondain, mes dimanches et mercredis soirs étaient retenus d'avance par des maîtresses de maison bienveillantes, je ne me serais pas pardonné de les quitter en sortant de table. Quand j'y étais formellement invité, j'arrivais rue de Berri après dix heures : la princesse était engagée dans une conversation avec sa petite cour, ou bien elle commençait de somnoler, et ne prêtait plus qu'une oreille distraite à la causerie. Au fond, je ne venais que pour elle, et comme je pouvais rencontrer ailleurs ses habitués, je ne m'amusais guère; pour parler net, je m'ennuyais, et raréfiais mes visites.

Une seule fois, je pus satisfaire mon désir d'un entretien suivi avec la princesse. Ayant déjeuné chez madame Hayem, un dimanche d'août 1897, à Saint-Gratien, je me présentai, et fus reçu avec d'autant plus d'empressement, que les hôtes de la princesse venaient de se retirer dans leurs chambres pour se livrer aux douceurs de la sieste. Elle me proposa une visite promenée, emmena deux de ses toutous, et, pendant deux heures, nous descendîmes et remontâmes l'allée du parc qui dévalait vers le lac d'Enghien, en nous asseyant parfois quelques minutes sur un banc, pour reprendre haleine ; elle n'en avait pas besoin, car elle était restée marcheuse intrépide. Pour ne pas l'ennuyer, je lui fis la chronique anecdotique de certains salons où je fréquentais, ceux

de madame Buloz, madame Aubernon entre autres ;
puis je passai aux cénacles des XVIIe, XVIIIe siècles,
constatai bien vite qu'elle les ignorait complètement,
et lisait peu ou point. Visiblement, ces historiettes du
temps jadis, tantôt simplement spirituelles et gaies,
tantôt assez croustillantes, l'égayaient, et elle me le
dit à plusieurs reprises, m'encourageant à continuer,
allant jusqu'à déclarer : « C'est drôle, on ne me raconte
jamais rien de ce monde-là et cependant il est bien
amusant ; un seul m'en parlait, mais c'était avant
1870, et j'ai tout oublié. » Lisant sur mon visage une
muette interrogation, elle reprit : « Je n'ai pas pro-
noncé son nom pendant vingt ans, je voulais le ban-
nir de ma mémoire : il a été si ingrat, c'est Sainte-
Beuve. Comme lui vous connaissez ces types-là, et
vous en parlez très bien ; maintenant que la glace est
rompue, il faudra venir me voir souvent. » « Votre Altesse Impériale ne pouvait pas m'adresser un compliment plus flatteur : je sais bien que je n'en suis pas
digne, mais Dieu lui-même aime le son des cloches, à
plus forte raison sa faible créature. — « Si, si, votre
conversation me rappelle Sainte-Beuve ; et puis on
voit tout de suite que vous avez beaucoup fréquenté
chez les princes, dans le passé et dans le présent. »
Nous avions parlé des princes d'Orléans. Là-dessus,
elle me conta sa première visite à Chantilly, le déjeuner du duc d'Aumale à Saint-Gratien, « deux belles
journées que j'essaierai d'évoquer sur le papier. Vous
ne saviez pas sans doute que, de 1843 à 1848, j'ai été,
de la part de la famille d'Orléans, l'objet d'attentions
fort délicates, qu'auparavant on avait pensé à me
faire épouser le duc d'Orléans — Elle eut ici un mé-
lancolique sourire, que j'interprétai comme un regret.
— Avec la duchesse de Hamilton, (née princesse de

Bade,) j'ai protesté contre le décret de spoliation des princes d'Orléans, en 1852 ; oui, seules dans la famille impériale nous avons protesté. »

Un personnage qui l'amusa, c'est le grand seigneur, complice des amours de Louis XIV et de madame de Montespan ; là-dessus on fit une chanson qui disait que, pour avoir mis la bête dans les toiles, le roi l'avait fait son grand veneur.

Et puis la confession *in extremis* d'une sœur de madame de Tencin : « Mon père, j'ai été jeune, j'étais jolie, on me l'a dit, et je l'ai cru : jugez du reste. »

Et encore la preuve contraire, fournie par la marquise de Saint-Pierre à un cénacle de dames qui ne croyaient pas aux tendres sentiments du duc de Richelieu : « Eh bien, moi je connais une femme pour qui il a fait trois cents lieues à franc étrier, apprenant qu'elle était souffrante. Le voici à Paris, il franchit au triple galop les barrières devant les commis stupéfaits, arrive à l'hôtel de l'aimée, monte quatre à quatre l'escalier, la trouve au salon, l'emporte dans sa chambre ; puis, gagnée par la chaleur de la narration, elle ajoute : « *Et nous y sommes restés trois jours !* »

Aimez-vous les voyages, M. du Bled, interroge-t-elle : Moi, je les déteste, la France me suffit ; elle a pour moi toutes les beautés ; elle est plus belle que tout. »

Comme je viens de raconter une fête du xviiie siècle, avec ballet, bal, un Embarquement pour Cythère, à son tour elle évoque les réceptions officielles du Second Empire : « J'ai été à un bal costumé chez Morny, vêtue de loques de modèle arrangées par Giraud, et la tête couverte d'un masque en fil de fer. Ah ! ce jour-là je ne portais pas mon collier de perles, mais tout de même j'ai été la reine du bal. Que de déclarations en vers et en prose ! » — Madame, si j'avais été là, j'aurais essayé de griffonner un petit quatrain sur vos mains. — Oui, sourit-elle, mes mains n'ont pas trop subi l'injure des ans. Mon collier de perles ! Figurez-vous qu'en 1858 une dame du faubourg Saint-Germain se mit en tête d'en avoir un pareil : mais comment obtenir cette grosseur et cette qualité ? En trichant. On lui fabriqua des perles fausses, admirablement imitées, on mit au collier, qui valait bien sept ou huit cents francs, un fermoir où il y avait pour six mille francs de diamants. Le tour fut joué, mon collier éclipsé. Et cela arrive tous les jours : faux diamants, fausses perles, fausses turquoises, faux sentiments sont à la mode dans le monde le plus chic.

Passant d'un sujet à un autre, la princesse fait l'éloge de Théophile Gautier qu'elle eut comme bibliothécaire platonique, et aussi du chansonnier Nadaud, un simpliste comme elle. « Votre Altesse connaît-elle l'épigramme de Lamartine sur le bon Nadaud, épigramme dont celui-ci, désolé, finit par obtenir un désaveu partiel ? — Non, dites. — Nadaud avait accepté une invitation chez Lamartine, survient une seconde invitation de Votre Altesse pour le même jour. Très embarrassé, il se décide à se dégager vis-à-vis du poète, et pour s'excuser allègue votre appel. Voici l'épigramme, une des rares qu'on connaisse de Lamartine.

> Hier, un vaincu de Pharsale
> M'offrit un dîner d'un écu ;
> Le vin est bleu, la nappe est sale,
> Je n'irai point chez ce vaincu.

> Mais que la cousine d'Auguste
> M'invite en sa noble maison,
> J'accours, j'arrive à l'heure juste.
> Chansonnier, vous avez raison !

La princesse eut d'abord une moue significative, puis elle éclata de rire.

Un instant avant, je lui nommai l'héroïne de *la Symphonie en blanc majeur* de Théophile Gautier : la comtesse Kalergis — Ah ! fit-elle, je l'ai vue. Là-dessus, je ne sais comment cela vint, je lui récitai l'admirable poésie de Gautier. — Oh ! reprit-elle, il a un peu exagéré. Il m'a fait des vers, à moi aussi ; pas si beaux que ceux-là : je n'aurais pas été fâchée de les lui inspirer. Quel brave homme, ce Gautier ! Celui-là était reconnaissant. »

Et puis encore :

Voyez-vous, je suis assez ignorante. D'ailleurs, j'ai entendu dire à M. Taine que, sur la plupart des femmes, la culture glisse comme une averse sur une ombrelle de soie. Ce que j'ai appris vient de la conversation des gens de talent qui viennent chez moi depuis cinquante ans et plus.

Mais, Madame, c'est immense, c'est le plus beau livre du monde.

Oui, si je l'avais retenu.

Je lui dis, le moins mal possible, que son esprit, si original, n'avait pas besoin de ce complément ; que celui de ses causeurs n'était qu'un tremplin pour le sien.

Nous rentrâmes au château, et je pris congé, après que la princesse m'eut de nouveau confirmé sa gracieuse volonté de me voir plus souvent. Je répondis que je m'estimerais très honoré si son Altesse daignait

songer à moi. — « Oui, oui, je vous ferai signe en novembre. »

J'attendis vainement l'appel, et n'en fus nullement
marri. Après tout, j'avais eu pour moi tout seul l'attention et la causerie de la princesse pendant longtemps, et pareille bonne fotune ne m'écherrait plus,
même si j'étais souvent invité. Je mis quelque raffine-
ment d'orgueil à n'écrire ni ne visiter, et philosophai
avec sérénité sur le prestige de la présence réelle, sur
les oublis princiers, qui ne sont d'ailleurs pas plus
étonnants que ceux des simples particuliers, des partis et des peuples.

Cinq ans après, presque jour pour jour, un dimanche, j'entre chez les Emile Ollivier; il y avait une
quinzaine de personnes, et, sur le grand canapé de
droite, une dame seule qui écoutait une discussion entre le maître de céans et un des visiteurs. Quelques
personnes se levèrent pour sortir, la dame vint à moi
et me dit : « Eh bien, M. du Bled, vous avez donc
oublié notre dernière conversation de Saint-Gratien, et
vos belles promesses ? — Stupéfait d'une telle mémoire, j'ânonnai : « Madame, je n'osais pas me flatter
que Votre Altesse se souviendrait de moi. — Mais si,
mais si, et j'ai plus d'une fois répété vos historiettes
dans mon entourage. Au revoir, à bientôt ! » Je baisai
la belle main qu'on me tendait... et, et... je continuai
de m'abstenir. Je me suis souvent demandé si j'eus
tort ou raison.

Une amie m'a confié deux opuscules que la Princesse a fait tirer à un petit nombre d'exemplaires, et
distribués à quelques intimes seulement ; dans l'un,
elle raconte, avec une simplicité émue, la vie de madame Defly, sa dernière lectrice, qui trouva auprès
d'elle une retraite heureuse, après mainte traverse de

la destinée : les croix tombent de préférence sur certaines épaules, et le malheur, comme la mort, reste
le pourquoi de l'homme, le secret de Dieu. Madame
Defly mourut en 1875, âgée de quatre-vingt-dix ans.

... « Ce fut, dit la princesse, un plaisir très vif et
toujours renouvelé pour moi, d'avoir sous mon toit
cette aimable femme, d'un commerce sûr et charmant,
dont l'esprit sociable donnait un grand attrait à ma
maison... Ses goûts avaient retenu quelque chose de
ceux de l'époque dans laquelle elle naquit. On eût dit
parfois une épave du xviii° siècle... Sociable par dessus tout, le monde était sa vie, et si, par hasard, elle
était un peu souffrante, l'heure du dîner la trouvait
rétablie. Le ton de sa conversation était parfait, le
tour en était vif. Extrêmement instruite, elle causait
sur mille sujets avec entrain, suite et finesse, évitant
les réflexions mélancoliques, ne voulant cueillir de
l'existence que les roses. Hélas ! que d'épines l'avaient
blessée pourtant !...

« Sa tête travaillait sans cesse, elle lisait prodigieu-
sement, n'avait pas un moment d'oisiveté ou de rêvas-
serie. Aussi arrivait-il que sa pensée, toujours tendue,
la rendait par moments extrêmement distraite. Tantôt
une erreur de nom m'amenait à dîner, sa lettre d'invitation à la main, un Monsieur que je ne connaissais
pas ; tantôt, à l'occasion d'un bal que je donnais pour
la reine des Pays-Bas, elle assignait au chef d'orchestre une date de fantaisie, de sorte que, le soir de la
fête, flûtes et violons manquant à l'appel, nous de-
meurions le pied en l'air ; et chacun de rire, car chez
cette bonne vieille, tout était aimable, et ce qu'elle
faisait, et ce qu'elle ne faisait pas. D'ailleurs, j'avais
en elle un auxiliaire précieux, tel que je pouvais le
désirer, et tout à fait selon mes goûts... »

... Charmante femme, de celles qui ne devraient pas disparaître, afin de nous conserver un exemple vivant de ce que peut la véritable honnêteté... »

L'autre plaquette de la princesse a pour titre *Histoire d'un chien*. Elle aimait beaucoup les petits chiens, elle leur a consacré un cimetière à Saint-Gratien, un rond entouré d'arbres, où chaque toutou a sa colonnette, sur laquelle sont gravés son nom et la date de sa mort.

Les chiens de la princesse, Dick, Mic, Nina, Mouche, Tine, Tom, Didi surtout, furent des personnages importants, presque aussi considérables que les dix-huit chats de madame Helvétius. Au surplus l'idée du cimetière n'était pas une nouveauté. Au xvie siècle madame de Villeroy fit quelque chose de pareil pour sa chienne favorite Barbiche, et les poètes qui fréquentaient chez elle, lui élevèrent de leur côté un tombeau littéraire où chacun chantait ses qualités. Voici, entre cent autres, un second précédent. Bernardin de Saint-Pierre avait amené chez madame Lecoulteux du Moley un chien qui tomba malade : on le soigna, mais en vain, la bête mourut. Un matin, comme Bernardin de Saint-Pierre n'était point descendu à l'heure du déjeuner, la maîtresse de maison l'envoya chercher; le domestique ne trouva dans sa chambre qu'une lettre où il disait qu'on lui avait tué son chien, et qu'il était parti. Là-dessus cette société s'émut; elle imagina de faire à ce chien chéri des funérailles, un petit tombeau avec des branches de saule pleureur, à la Jean-Jacques Rousseau; on écrivit tout cela au vilain bourru pour l'apaiser, on n'eut pas de réponse.

Le professeur A. Franck célébra un des toutous de la princesse :

Sous ce tertre repose une chienne fidèle :
Quoiqu'ait dit Malbranche, elle aimait et souffrait ;
Jusqu'à son dernier jour elle resta fidèle,
Et sa mort dans nos cœurs laisse un vivant regret.

La princesse a aussi composé des *Mémoires*, inédits jusqu'à présent : elle ne voulait pas, mais Popelin la décida en observant que, si elle n'en laissait point, on en ferait de faux qui passeraient pour authentiques : ils commencent à son enfance, et, entre autres curiosités des premiers chapitres, il y a là un portrait saisissant de madame Lætitia, mère de Napoléon Ier.

Elle est morte intacte, debout, avec tout son cerveau et tout son cœur, dans ce Paris qu'elle a tant aimé, entourée de tendresse et de respect, pleurée par ceux qui l'ont connue, regrettée par les indifférents eux-mêmes. Et elle a rejoint les héroïnes de grâce, de bonté, d'esprit, les héros de l'action et de la pensée, tous les grands serviteurs de la France, dans le Panthéon mystique de l'infini.

TABLE DES MATIÈRES

CHAPITRE PREMIER

DÉBUTS MONDAINS : PREMIERS CÉNACLES

CHAPITRE II

IMPRESSIONS D'UN ÉTUDIANT PARISIEN EN 1869-1870

CHAPITRE III

LA COUR DE NAPOLÉON III

CHAPITRE IV

HISTORIETTES SUR LE MONDE OFFICIEL DU SECOND EMPIRE

CHAPITRE V

SILHOUETTES ANECDOTIQUES DE 1852 à 1870

CHAPITRE VI

LA PRINCESSE MATHILDE

Imprimerie Générale de Châtillon-sur-Seine. — EUVRARD-PICHAT